The Trouble At Round Rock

by Left-Handed Mexican Clansman
and Others

Created by Native Child Dinétah, Flagstaff, AZ 86003

www.nativechild.com   info@nativechild.com

www.facebook.com/dinetah

Originally published by: U.S. Dept. of the Interior, Bureau of Indian Affairs, Division of Education, 1952.

Cover Design and Layout by Bernhard Michaelis

ISBN 978-1514824771

photo front page:

left: Black Horse (Bilįį' łizhinii)   right: Squeezer (Tayoonih)

Black Horse shaking hands

BLACK HORSE — a copy drawn from an old Signal Corps photograph by Howard Gorman. Black Horse was born in the Red Rock country of the Lukachukai Mountains, about 1830. A Signal Corps picture of him, taken in 1871, depicts him as a middle aged man. He was a sub-chief under Capitan Sani in the 1880's, and was involved in the murder of Swift and other prospectors in the Carrizo Mountains. It was he who attacked Agent Dana Shipley at Round Rock Store in 1892. Black Horse died between 1910 and 1920.

Bilį́į́' Łizhinii wolyéé ńt'éé' jiní díí hastiin kwii naaltsoos yikáá' sidáhígíí. Bee 'ak'inda'a'nilí bee naaltsoos bikáá' bida'iilaa ńt'éé' lá siláago 'ałk'idą́ą́'. 'Éí bits'ą́ą́dóó yéé'iidlaa lá Howard Gorman. Tsé Łichíí' Dah 'Azkání hoolyéegi kééhat'į́į́ ńt'éé' jiní díí Bilį́į́' Łizhinii wolyéé ńt'ée'ii. T'áá shį́į́ 'ákwii bi'dizhchį 1830 nahalzhiish yę́ę́dą́ą́' haa'í shį́į́. 1871 yę́ę́dą́ą́' naaltsoos bik'i ndaho'dii'nííígíí bá 'ályaa léí' 'éí dízdiin daats'í binááhaigo yikáá' sidá. . Gabidáán Sání wolyéé ńt'éé' 'éí yił hashkééjí naat'ááh nilį́ ńt'éé' daaniigo yaa dahalne'. 'Ałk'idą́ą́' Dził Ná'ooziłii bąąh Bilagáana ła' Swift joolyéé ńt'éé' Diné dahwiisxį jiní. 'Éí shį́į́ díí hastiin Bilį́į́' Łizhinii wolyéii 'atah 'át'í. 'Áádóó Bilagáana lą'í naaztseed jiní t'áá 'ákwii. 1892 yę́ę́dą́ą́' Tsé Nikání hoolyéegi Bilagáana Tséhootsooídóó Naat'áanii Yázhí wolyéé ńt'éé' k'asdą́ą́' náádayiisyį jiní. Kót'éego doo ts'íí 'át'éégóó táhodíílé'ii 'át'é díí hastiin Bilį́į́' Łizhinii wolyéé ńt'ée'ii. 1910 dóó 1920 yę́ę́dą́ą́' bita'gi haa'í shį́į́ 'índa są́ biisxį hastiinę́ę.

The Trouble At Round Rock

by

Left-Handed Mexican Clansman

with

Related Anecdotes

by

Howard Gorman

and

The Nephew of Former Big Man

Part I

by

Robert W. Young

William Morgan

Foreword

The present booklet is presented as Number 2 of the Navajo Historical Series. An interesting account of a fight between Agent Shipley and a man known as Black Horse has been utilized as a nucleus around which to build a fairly detailed historical account of social and economic conditions in the Navajo Country a little more than a half century ago.

Although the present historical sketch is largely concerned with the period 1892-94—the time setting for the fight mentioned above —it was felt that a brief resume of Navajo history during the preceding half century would be desirable as a background against which to understand the conditions which obtained during the early 1890's.

Richard Van Valkenburg's "Short History of The Navajo People" and one appendix to Oscar H. Lipps' "The Navajos" have provided much of the material for the period up to 1892 and old Agency Records from the former Agency at Fort Defiance have provided a detailed picture of the years 1892-94.

An effort has been made to use simple everyday English, both in Part I and in Part II. However, in Part I, Agent's letters have been quoted verbatim in the sometimes quaint and highly formal rhetoric of the times.

In Part II, an effort has been made to carry over the "flavor" of the original Navajo text without violating English idiom. This has made it necessary to freely rearrange the order in which ideas have been presented, as well as to make other concessions to English in the course of translation. And where a relatively uncommon English word might have served to more accurately translate a given Navajo term, a more ordinary word has been substituted in order to make the English version more readily understandable to Navajo students learning the English language.

ROBERT W. YOUNG

The Trouble at Round Rock--Part I

Back in 1868, at Fort Sumner, New Mexico, the Navajos made a treaty of peace with the United States Government. Article 6 of this treaty says: "In order to insure the civilization of the Indians entering into this treaty, the necessity of education is admitted, especially of such of them as may be settled on said agricultural part of the Reservation, and therefor they pledge themselves to compel their children, male and female, between the ages of six and sixteen years, to attend school, and it is thereby made the duty of the agent for said Indians to see that this stipulation is strictly complied with, and the United States agrees that for every thirty children between said ages who can be induced or compelled to attend school, a house shall be provided, and a teacher competent to teach the elements of an English education shall be furnished, who will reside among the said Indians and faithfully discharge his or her duties as a teacher."

However, there were so many problems both for the United States Government and for the Navajo people during the early years after the return of the latter from Fort Sumner that no school was built until 1881. Since no school was provided, it was not possible to carry out the provisions of Article 6 immediately.

Back at the time when the Navajo returned from Fort Sumner they were not interested in the white man's education. They were afraid to let their children be taken away to school, for fear that they might never come back. At this time the Navajos simply wanted to take up their life again as they had left it when they were driven away to Fort Sumner.

In 1887 a law was passed to compel all Indian children to go to school. A school had been opened at Fort Defiance in 1881, but it had been very hard to get pupils for it. In 1887, when it became the law that all Indian children had to go to school, it became one of the duties of the Navajo Agent to enforce this law.

In 1892 a man by the name of Dana L. Shipley became the Agent for the Navajo Tribe, with his headquarters at Fort Defiance, Arizona. Almost as soon as he became the Agent he began to have trouble with the Navajos because he tried to force them to put their children in school. He would take policemen to get the children, and some of the people did not like this.

One day in 1893 Mr. Shipley took some policemen and went out on the reservation to get some children for the school at Fort Defiance. When the party arrived at Tsalee (Tséhílį́) it split into three groups. One group went up into the Carrizo Mountains, one went to Chinle, and Mr. Shipley with his group went to Round Rock.

At that time there was a powerful Navajo leader by the name of Black Horse (Bilį́į' Łizhinii), who was very much against education, and who was very unfriendly with the white people. Black Horse heard that some of the people were to gather their children at Round Rock, to be taken away to school, so he went there with some of his band. Black Horse spoke against education, and told the people not to let the Agent take their children away. The Agent, Mr. Shipley, insisted on taking the children, so Black Horse attacked him.

In this book we are going to tell the story of the fight at Round Rock between Black Horse and Shipley. We are lucky that there are still some Navajos living who remember the details of the trouble at Round Rock. In fact, one old man from Lukachukai called Left-handed Mexican Clansman (Naakai Dine'é

Ntł'aaígíí) was among the people gathered there at Round Rock on that eventful day so many years ago. He was a youth then, and his memory of what took place is very clear as we shall see. Other Navajos heard all about the affair between Agent Shipley and Black Horse, and we have included their stories too in this book.

Several years ago, when Window Rock was built, the old agency records were moved from Fort Defiance where they had been stored in a basement. Some of them had become wet at some time during the many years that they lay in the store room there, but most of them can still be read. Among these records are the reports that the different Navajo Agents made to the Commissioner of Indian Affairs in Washington. In one of the books marked 1893 is Agent Shipley's report of his trouble at Round Rock. So we have both sides of this story—the Navajo side, and the white man's side. This makes it possible for us to give a very complete account.

But to fully understand the reasons for which Agent Shipley had trouble with Black Horse, and to understand why the people did not want education for their children, we must know something about how the people were living in those days. We must know about the Navajo Reservation in the 1890's and in the period before. We must also know something of the attitude of the white people toward Indians at that time. Otherwise, it would be like describing our recent war with the Japanese by merely giving the details of the battle of Tarawa.

We can get this background material from two main sources. One is from a book which was mimeograhed at the Navajo Agency in 1938. It is now out of print and very hard to find and is called "A Short History of The Navajo People" by Richard Van Valkenburg. We will use it, along with documentary material from the early era of American influence, to give an account of the Navajo people from 1868 to 1893. For the period during which Agent Shipley had his trouble

with Black Horse, we will use various letters which he and the man who followed him as Navajo Agent, 1st Lieut. E. H. Plummer, wrote.

Many old people, Navajo and white alike, look back to the days of their youth as "the good old days." They like to think that in former times there were no troubles and everyone was happy, in contrast with present times when they feel that there is nothing but sorrow and difficulty. When you have read these accounts, some of them made by men who were living and working here among the Navajos a number of years ago, we will let you judge for yourself whether or not there were not problems in those days just as great as the Navajo people face now. They were "good old days" for some perhaps, but for others they were times of trial and hardship.

The Navajos From the 1850's to the 1890's

The States of New Mexico and Arizona were once part of Mexico. In 1846 James K. Polk, then President of the United States, declared war on Mexico, and three months later General Stephen W. Kearney entered Santa Fe. He told the people that from that time on they, as well as the Indians in what are now New Mexico and Arizona, would be under the government of the United States.

Before the United States took over this territory from Mexico there had been almost constant warfare between the Navajos and the Mexicans. We can get some idea of the cause and nature of these wars by reading some of the writings of men who lived back at that time. We will see that neither side was entirely to blame.

In Europe the white people had become used to the idea that every nation had a king, or some other kind of powerful leader or leaders, who could speak for all the people. If one nation wanted to make peace with another one the leaders of the two would get together. Whatever they decided, their people would have to do. When the white people came across the sea to America they thought that all of the different Indian tribes would have leaders like theirs. In some cases this was true, but in most cases it was not. The Mexicans, and later the Americans, would make a treaty with a Navajo leader or a group of leaders, and expect their word to be binding on all the Navajo people. The result was that treaties were broken as fast as they were made.

In former times the Navajos used to make raids on other people to take their livestock, their women and children. And the Mexicans used to make war against the Navajos for about the same reasons.

Writing in 1865, General James H. Carleton said, "With the exception of one or two intervals of a few years each, there has been a state of hostility between the people of New Mexico and the Navajo Indians. Even in these intervals occasional forays were made into the settlements to capture sheep and cattle. The Mexicans would kill some of the Indians and capture some of the women and children and make slaves of them. But in times when open hostilities existed these efforts were increased on each side to capture stock, women and children, so that the country was kept in a continual state of commotion. This was the state of things when we acquired the territory from Mexico."[1]

Chief Justice Kirby Benedict wrote, in 1865, "The Navajos were in the habit of making forays upon the ranches and settlements, stealing, robbing and killing and carrying away captives; the finding of herds and driving off sheep and other animals was carried on to a very ruinous extent; the killing of persons did not seem so much the object of their warfare as an incidental means of succeeding in other depredations. Sometimes, however, barbarous vengeance was exhibited and a thirst for blood. They carried away captives, but I cannot now give any accurate idea of number."[1]

Writing about the same time (1865), Dr. Louis Kennon said, "I think the Navajos have been the most abused people on the continent, and that in all hostilities the Mexicans have always taken the initiative with but one exception that I know of. When I first came here the Navajos were at peace, and had been for a long time. There was a pressure brought to bear—to make war on the Navajo. General Garland was commander of the Department at that time, and if you asked the Mexicans any reason for making war, they would give no other reason but that the Navajos had a great many sheep and horses and a great many children—."[1]

Speaking of the Navajos taken as slaves by the Mexicans, Chief Justice Kirby Benedict went on to say, "There are in the Territory a large number of Indians, principally females (women and children), who have been taken by force or stealth, or purchases, who have been among the various wild tribes of New Mexico or those adjoining. Of these a large proportion are Navajos. It is notorious that natives of this country have sometimes made captives of the Navajo women and children when opportunities presented themselves; the custom has long existed here of buying persons, especially women and children; the tribes themselves have carried on this kind of traffic. Destitute orphans are sometimes sold by their remote relations; poor parents also make traffic of their children. The Indian persons obtained in any of the modes mentioned are treated by those who claim to own them as their servants and slaves. They are bought and sold by and between the inhabitants at a price as much as is a horse or an ox.—The prices have lately ranged very high. A likely girl not more than eight years old, healthy and intelligent, would be held at a value of four hundred dollars or more. When they grow to womanhood they sometimes become mothers from the natives of the land, with or without marriage. Their children, however, by the custom of the country, are not regarded as property which may be bought or sold as have been their mothers. They grow up and are treated as having the rights of citizens. They marry and blend with

---

[1] THE NAVAJOS, by Oscar H. Lipps, 1909 (Appendix).

the general populations."[1]

Speaking of slavery, Dr. Louis Kennon wrote "I think the number of captive Navajo Indians held as slaves to be underestimated. I think there are from five to six thousand. I know of no family which can raise one hundred and fifty dollars but what purchases a Navajo slave, and many families own four or five, the trade in them being as regular as the trade in pigs or sheep. Previous to the war their price was from seventy five to one hundred dollars, but now they are worth about four hundred dollars. But the other day some Mexican Indians from Chihuahua were for sale in Santa Fe. I have been conversant with the institution of slavery in Georgia, but the system is worse here, there being no obligation to care for the slave when he becomes old or worthless."[1]

Back at the time the Americans took over this territory from Mexico it was a very wild region. There were neither railroads, roads, nor towns in the Navajo country. There were a few forts, with soldiers to keep the peace. There was no Indian Agent, or at least the Indian Agents who were sent saw very little of the Navajos. They stayed in Santa Fe, often because they were afraid of the Indians. When they traveled at all they did so with soldiers. Also, the men who were sent as Agents got their jobs, not because they knew anything about Indians, but as favors from politicians. One of these men, by the name of Major Griner, wrote, "The great difficulty in our Indian policy is in the selection of Indian agents, who are generally appointed for political services. Mr. Wingfield comes here as an agent because he was the friend of Mr. Dawson of Georgia; Mr. Wolly, an old man of seventy years of age, because he was the friend of Mr. Clay; Mr. Weightman, because he wished to be returned as delegate; and myself because I could sing a good political song. Neither of us was by habit or education better fitted to be Indian agent than to follow any other business. The general policy of selecting men as

agents for political service, rather than fitness for the position, and frequently changing them, is a great cause of all our Indian difficulties, in my opinion. I was changed just as I was about to be of service, and had become acquainted with the Indians, and acquired their confidence, and could get them to do as I desired."[1]

From 1851 until 1859 there was no real warfare between the Navajos and the surrounding people. There were raids on the settlements from time to time, but these were not serious. It was in 1859, a little more than ten years after the Americans came, that war broke out, and in 1860 the Navajos attacked Fort Defiance.

Colonel James Collins, writing in 1861, tells about the beginning of this war. He says, "About the commencement of June (1858) a difficulty arose between the Indians and the troops at Fort Defiance. That difficulty was occasioned by the Indians allowing their animals to run on lands which had been set apart by an arrangement with them as meadow lands for cutting hay for the post. The Indians were notified to keep their animals off. Finally after they had been on the ground several times, a company of mounted men, under Captain McLane, of the rifles, was sent out, who ordered about seventy of the animals shot within the limits of the meadow. The result was, a very short time after this, a black boy, servant of Major Brooks, was killed by the Indians. The killing of the boy led to the war, which has continued up to this time.

"After the killing of the boy a demand was made by Major Brooks on the principal men of the tribe for the delivery of the murderer, and were finally told that, unless he was given up, in thirty days war would be made on the tribe.—The result was an expedition against the Indians under General Miles—."[1]

An attempt was made to make the Navajos turn the killer over to the soldiers, but they refused. They offered to pay any amount the soldiers asked for the boy who had been killed, but they would not give up the Navajo who

---

[1] THE NAVAJOS, by Oscar H. Lipps, 1909 (Appendix).

4

killed him. The soldiers insisted that it be settled in their way, so war resulted.

The soldiers moved against the Navajos in every direction, but the Indians were not hurt much. Colonel Collins goes on to say, "Colonel Bonneville and myself concluded to go out and see the Indians—about the 25th of December (1858), at which time we concluded a treaty of peace with the Indians. The substance of the treaty was, that all stock taken during hostilities should, as far as practicable, be given up, and Colonel Bonneville agreed to enforce the condition on his part.* The treaty was never carried into effect, and in the summer of 1859 another expedition was sent against the Indians, under Major Simonson. He went out with instructions to enforce the condition of the treaty to surrender the captured stock. He failed to do so. Hostilities continued. The Indians continued their depredations, committing robberies and murders to a considerable extent, until 1860, when General Canby took command and made an expedition against them. During this time the Mexicans turned loose on them, captured a good many of their women and children. General Canby made an expedition in 1860. He was not very successful. He went into their country, they asked for peace, and he made a treaty with them and withdrew the troops.—"[1]

On April 30, 1860, a force of Navajos attacked Fort Defiance. They fell upon the fort just after the moon set, about 4:00 in the morning, attacking from three sides. In the darkness they crept close to the fort, and began by shooting at one of the sentinels. The sentinel retreated, and the Navajos, said to be over a thousand strong, began yelling and firing from behind woodpiles and buildings. The white soldiers had worked out a plan for defending the fort in case they were attacked, so they knew just what to do. By daylight it could be seen that the Navajos were retreating up the mountainside, and the soldiers chased them until they were outdistanced.

The fight lasted about two hours, according to the report of Major Sheppard, then the commanding officer of Fort Defiance. One of the soldiers was killed by an arrow through his heart, and two were wounded. It is not known how many Navajos were killed or wounded, because they took all but two of these men with them when they retreated.

In 1861 the white people themselves began fighting against each other. The people in the northern part of the country began fighting with those who lived in the southern part. This is called the Civil War. The soldiers who had been stationed in this region to keep the Indians at peace were taken away to fight in the new war. As soon as this happened the Navajos and some of the Apaches began to raid the surrounding country.

Finally, in 1863, General James Carleton decided that the only way to make the Navajos stop fighting would be to round them all up and take them to Fort Sumner. He thought that it might be possible to teach them how to be peaceful farmers like the Pueblo Indians if he could get them all together in one place. So he sent Kit Carson to round the Navajos up.

By the spring of 1864 there were about 8000 Navajos at Fort Sumner, and more were being brought in. Fort Sumner conditions went from bad to worse. The people lacked firewood in winter, their crops failed, and many became sick. It is said that in one year 2,321 people died at Fort Sumner. This was during the year 1865.

---

* Richard Van Valkenburg, in A SHORT HISTORY OF THE NAVAJO PEOPLE (mimeo., 1938, Navajo Service, Window Rock, Arizona) says of this treaty of 1858, "The following terms of peace were concluded: The Navajos were to restore or pay for any property taken in the fall of 1858. The entire tribe would in the future be responsible for depredations committed by any of its members. Puebloan and New Mexican captives were to be surrendered. Herrero was appointed head chief and would be dealt with by the Americans as the leader of the Navajos."

"The important part of this unratified treaty of 1858 was in that it was the first agreement that outlined the eastern boundary of the Navajo tribe. The line would run north from present Pescado, the Zuni farming village 14 miles west of Zuni Pueblo. It would pass through Bear Springs and continue northward to the juncture of the Chaco and San Juan Rivers. Unfortunately, many of their fine farm lands were excluded and the Navajos protested."

[1] THE NAVAJOS, by Oscar H. Lipps, 1909 (Appendix).

In the same year the Mescalero Apaches, who were also at Fort Sumner, escaped and ran back to their homeland. In the spring of 1868 the Navajos were all planning to escape from there too. They probably would have done this if it had not been for the arrival of General W. T. Sherman and Colonel Francis Tappan.

By 1868 it had become clear to the men in Washington that General Carleton's plans for the Navajos were not going to succeed. General Sherman and Colonel Tappan were sent out to decide what should be done with the Navajos. At first it was planned to send the Navajos to Oklahoma, in order to get them out of the way of the railroads that were about to be built in the region where they had formerly lived, and also to get them out of the way of white settlers who would be coming in as soon as these railroads were built.

But the Navajos wanted to go back to their old country, and finally General Tappan decided to let them do so. The Navajos hated Fort Sumner so badly that they were willing to make any kind of treaty with the white people just so long as they would be allowed to go back home. So according to the treaty they made in 1868, they would be allowed to return home, but would have to stay within the boundaries of a reservation which was only a small part of the country they once lived in.

The Navajos did not lose any time in leaving Fort Sumner. They left there just as soon as they could. They did not all leave and return in one big group, however. Rather, family groups would start out alone or together with other groups, and would return to the Navajo country over whatever road they might choose.

The soldiers told them to gather at Fort Wingate when they had finished their journey from Fort Sumner. But conditions there soon became so crowded that it was decided to move to Fort Defiance. At this time the Navajos had nothing to eat except the food which was supplied to them by the government. But these rations did not always arrive on time, and often there was not enough for everyone.

In the fall of 1868 Mr. Dodd, the Navajo Agent, told the Indian Office that the rations must be supplied regularly or else the Indians would starve and resort to stealing.

By 1869 many of the Navajos had left Fort Defiance and were wandering about in search of food. Some were trying to find the places where they had formerly lived so they could rebuild their hogans and start life anew. But that was a bad year. There had been no rain, and there were many grasshoppers. The people could find little to eat, and there were many enemies roving about over the Navajo country.

Finally, in the fall of 1864, 14,000 sheep and 1,000 goats arrived at Fort Defiance for the Navajos. Later 16,000 additional sheep and 3,000 goats were brought. These were distributed among the Navajos to give them a new start in the livestock industry. As the Navajos received their sheep and goats they left Fort Defiance and began to spread themselves over the reservation.

However, the years 1869-1870 were filled with hardships. The crops failed, there was little water, and the people were hungry. Some of them were forced to begin raiding their neighbors outside the reservation in order to keep from starving. These raiders even got up into Utah where they attacked the Mormon settlers.

Brigham Young was then the leader of the Mormons, and to stop these Navajo raids on his people he sent a man by the name of Jacob Hamblin to Fort Defiance. Mr. Hamblin warned the Navajos to stop their attacks on the Mormon people.

In 1871 there was a late frost followed by another dry summer, so the Navajos were again without food. To keep from starving they began to steal livestock from people living around the reservation. The Navajo Agent asked for relief money, and told the Indian Office that the Navajo people could never become self supporting from agriculture in such an area.

In 1872 Thomas V. Keam became the Agent for the Navajos. He is the man after whom Keams Canyon was named. He found that the Navajo people had suffered from three dry years since their return from Fort Sumner, and that they were suffering many hardships. He counted 9,114 Navajos in 1872, but these were only the people who were coming in to Fort Defiance for rations. There were probably many others who did not come in.

It was Mr. Keam who organized the Navajo Police to help control the people and keep them out of trouble. The Police Force only lasted one year, however.

In 1876 the tribal leaders received word that a railroad was to be built along the southern border of the reservation, and the railroad company was to receive a strip of land on both sides of the railroad track in which every other section would be railroad land. At that time Congress used to give railroads land in this way in order to get the companies to keep building their tracks westward. The Navajos were very angry when they heard about this.

As we told before, when the Navajos returned from Fort Sumner they returned to a reservation which included only a small part of their former country. The people knew little or nothing of where the boundaries were, and many of them built their homes outside the reservation boundaries on land that had formerly been theirs. Anyway the people and their livestock were increasing, and the reservation itself was not large enough for all of them. Many people were living on the land which the government gave to the railroad, and much of this land was good for grazing, with plenty of watering places and grass. As soon as the railroad got it, the railroad men wanted the Navajos to go back to the reservation. In other places where Navajos had settled off the reservation the land on which they lived was given to white men, and the Navajos were forced to move onto the reservation. Navajo leaders at that time knew that the people and their flocks were increasing, and they realized that what the people needed was more land. They could not afford to lose good grazing areas and watering places to the railroads or to the white

settlers.

As time went on the reservation grew in size, but much of the land that was added to it was of poor quality. It was impossible for the Navajo people to make their living within the reservation boundaries.

During the ten year period after the return from Fort Sumner the Navajos began their trading with the white people. They traded largely wool and blankets. By the end of this ten year period the Navajos had increased to about 13,000, and they had more livestock at this time than they had ever had before.

But there was not enough land for so many people and so much livestock. Everywhere the Navajos were crying for more land, and it was difficult or impossible to keep them inside the reservation boundaries. At that time there were not very many white people in this region. It was not until after 1880 that white people began to come in in large numbers. The tracks of the Atlantic and Pacific Railroad crossed northern Arizona in 1881-1882.

The summer of 1879 was dry and the Navajos lost most of their crops as well as many of their sheep. In 1879 there was a school at Fort Defiance. The school house was described as a small, filthy, leaky adobe building already twenty eight years old. The building of a new school had been authorized, but no money had yet been appropriated.

At this time the Navajos were increasing their raids on the Zunis and on the New Mexicans, stealing their livestock. Manuelito and Ganado Mucho, who were then Navajo leaders, became worried that these raids might get the people into serious trouble again. The police were unable to stop the forays, so these two leaders decided to take care of the matter themselves. They decided that witchcraft was to blame, so they made up a list of the men suspected of witchery. Then they told their men to find the men whose names were on the list and kill them. Over forty thieves and suspected witches were killed in cold blood. One of the men killed was Biwos, a leader over toward Chinle, and one of the Navajos who signed the treaty of 1868 as Muerto de Hambre.

By 1880 the Navajo people had increased their stock, and their reservation had doubled in size. But there was still not enough land for all the people with their herds. Too many animals grazing in the summer ranges in the mountains ate off the vegetation faster than it could renew itself. During the years 1881-1884 there were terrible cloudbursts during the summer. Without vegetation to hold the water back in the mountains, torrents of water poured down tearing the country below apart. This was perhaps the beginning of our present day erosion problems on the Navajo Reservation.

The building of the Fort Defiance school began in 1879, but the school was not completed until 1881. In those days the Indian Office did not employ teachers as it does now. Contracts were made with various religious organizations. These organizations supplied the teachers, in exchange for the chance to give religious instruction. To supply the teachers for the school at Fort Defiance an agreement was made between the Indian Office and the Presbyterians.

It is said that when this school opened there were about twenty pupils who did not care whether they learned anything or not. Captain Burke, who visited the school in 1881, wrote that it was filthy and miserable. And the pupils who came to the school might stay just long enough to get some clothing, after which they would disappear. Usually the Navajos would send in only slaves or sickly children to school. They would keep the healthy ones at home to herd sheep.

The fight for land continued. For many years Navajos had lived outside the reservation in areas where there was water and grass. After the railroad was built many white people came in to the areas around the Navajo Reservation to get allotments of land. They would often get allotments of land upon which Navajos were living. The Navajos could have gotten allotments themselves, but they did not

know about such matters at that time. The result was that there was a continual fight between the Navajos and the white people who were coming in.

In 1887 a throat infection spread among the Navajos and killed more than 1000 people in a very short time.

For several years the Navajo Agents had been trying to get money to develop water on the reservation. They thought that if water could be provided more people could live within the reservation boundaries, and perhaps many of the people who were living off the reservation could be brought back. $25,000 was received in 1886 for developments at Washington Pass, Tsaile Creek, 18 Mile Spring, Chinle Valley and Fort Defiance. These were the first such developments on the reservation. In 1893 the Indian Office made $60,000 available for development of more water. Two years later a man was sent to do the actual work, but he did not know anything about conditions in this region, and within two years after he had completed his work everything washed out and was lost.

As we told at the beginning, a compulsory education law for Indians was passed in 1887. In 1893 Dana L. Shipley was the Navajo Agent, and while trying to force Navajo children to come to school he got into trouble with Black Horse. After being again attacked and warned by the Navajos, he gave up his job and left the Navajo country.

The man who followed Mr. Shipley as Navajo Agent was Lieutenant Edwin H. Plummer. Lt. Plummer was well educated, and had money of his own. He was very much interested in the Navajo people, and proved to be a good Agent and leader. We will quote some of his letters to the commissioner and to others which he wrote during the time he was the Agent at Fort Defiance. He remained the Agent from 1893 until 1896.

Although he had many difficulties during his time here, the most serious trouble was over on the west side of the reservation. In 1875 Mormons had settled on the Moencopi

Wash, and a new town was set up there known as Tuba City. It was named Tuba after a Hopi leader from Oraibi by the name of Tivi who had gone to Salt Lake City with Jacob Hamblin. In 1892 trouble developed between the Navajo and Hopi on one side and the Mormons on the other, over water and land rights. A Mormon named Lot Smith was killed by a Navajo called Chách'osh. This affair at Tuba City took up much of Agent Plummer's time. We will tell more about this trouble at Tuba City in another book.

In this book we are mainly interested in telling the story of the trouble at Round Rock between Agent Shipley and Black Horse during October 1892. We have told a little of the conditions in the Navajo country from 1868 up to the time Mr. Shipley became Agent. We told these things in order that the reader can better understand the background against which this trouble at Round Rock took place.

On November 2, 1892, Agent Dana L. Shipley wrote a letter to the Commissioner of Indian Affairs, explaining the cause of his fight with Black Horse, and telling just what happened. We will quote that letter here, as well as several others by the Agent. This will not only give the white man's account of the Round Rock affair, but will also give the reader an idea of conditions on the Navajo Reservation during Mr. Shipley's time.

"Navajo Agency, N.M., Nov. 2, 1892. Hon. Commissioner of Indian Affairs, Washington, D. C. Sir:

"Referring to my telegram dated Round Rock, October 30, 1892, I herewith submit the following particulars regarding my recent trouble with the Navajos.

"Being desirous to fill my Agency School with Navajo children, and considering the fact that that part of the reservation lying in the vicinity of Round Rock had not contributed any children to the school, it appeared to be the best and most proper district to visit.

"In company with Chee, who owns a large store at Round Rock, seven police, my Interpreter and the Industrial Teacher we arrived at Tse-a-lee, a point about 50 miles north of the Agency. Here I divided my force into three parties, sending two police into the Carrizo Mountain district; my interpreter and a judge of the Court of Indian Offenses, with a guide to point out the hogans, left for Canon De Chelly; while myself with the remainder of the party, proceeded to Round Rock.

"From my Carrizo Mountain division, it appears that Black Horse had learned that I was at Round Rock for the purpose of procuring 25 or 30 children, which had been promised me by the friendly Navajos of this vicinity. He immediately collected his band of outlaws and proceeded to Round Rock to oppose me in my intentions.

"After he arrived, I went into council with him and his followers. In this council I made him every fair and honorable promise as to the treatment and attention which would be given these children. I also reminded him and his people what had been done by the Government for the Navajo Indians, and how he and his faction by their conduct were abusing the confidence that had been placed in them by the Government in its greatness in granting them full pardon for all past offenses when from starvation they were compelled to surrender as prisoners of war in 1862 and 1863. I spoke at length on what was being done in the way of education of their children and for their advancement, and assured them to what their opposition would lead and the punishment that would surely follow if they disregarded my instructions, and the wish of the Department. But he was obstinate and demanded that the children be turned over to him and refused to compromise in any way. The result was that after he had threatened to kill me and my followers if I didn't comply with certain very unreasonable demands, such as 'closing down the school,' 'to make no further arrests on the reservation,' 'to wipe out the entire Indian work,' 'wanted nothing to do with the Government, Agent or anyone else,' 'wanted no houses built nor any tools, implements—in fact no trade store on the reservation,' and even 'to abandon the Agency entirely,' and would prevent any Navajos in his district or any other portion of the reservation to send children to school.' He worked on his followers to such an extent that they rushed on me, and very violently overpowered me and removed me from the building in which the council was held. Here they continued their violence on my person, until a very powerful friendly Navajo, assisted by my police, the trader Chee and his clerk Mr. Hubbell, succeeded in tearing me away from them and getting me on the inside of the trader's store again.

"The doors and windows were immediately barricaded, and all possible preparations were made for a defense in case of an attack on the building. The wildest excitement prevailed among Black Horse and his band on the outside.

"In our then present condition, with only a hand full of men, and no more than fifty rounds of ammunition for two Winchester rifles, and revolvers, then add to this their crazed and defiant yells of 'kill the Agent,' 'kill all the d—', 'don't leave one to tell the tale,'—with such like threats, had a tendency to place a very unsatisfactory and alarming phase to our situation. Had it not been for a policeman making good his escape on the first outbreak and reporting to Lieut. Brown, who was then stationed at Tse-a-lee, a point about 25 miles south of us, and the impossibility which a hard, continuous rain made for setting the building on fire from the outside,

there would not have been the slightest chance for one of us escaping with our lives.

"The Indians were frantic and chided themselves for not having killed me and the rest of the party when they had an opportunity. We were subjected to this very uncertain suspense for nearly 36 hours, with the Indians continuing their threats throughout the entire time. I was compelled to make all sorts of promises to this gang of thieves and murderers in order to partially pacify them.

"Our condition was very critical at the arrival of Lieutenant Brown and his ten men, who had delayed for the report of a courier which he had dispatched us to learn whether or not our condition was alarming and needed assistance. The arrival of his party had the desired effect. Black Horse then requested that no troops be sent in his section, but Lieutenant Brown told him he could not say as to what would be done in this matter by General McCook, but gave him to understand that the offense of which he and his followers were guilty was a very grave one, that of assaulting a U. S. Officer. So the trouble was settled for the present, having suffered no further personal injury than a broken nose and a bruised body for myself, and dangerous head wounds inflicted by clubs on the person of one of my most faithful police. However, the most vital point in connection was my entire forfeiture of the purpose intended to this renegade Indian and his band of followers.

"In this procuring of these thirty four children I had the support of all the best and leading Indians, among them being Chee, Chai-lch-et (?)*, Isch-bia-sian-ny (?)*, and Be-kuddy, all the above named Indians being government officers at this agency.

"If I am not supported in this matter and compelled to leave this rebuke go unpunished, it will indefinitely retard the school work among the Navajos.[2]

"And now in view of the perilous condition of affairs at Round Rock, and the danger which both life and property is subjected to, I have recommended to the Post Commander

---

* These names are too dim and badly deleted to be accurately deciphered.

2 In a similar letter to the Commanding Officer at Fort Wingate, almost an exact duplicate of this report to the Commissioner, Shipley says "—if I am compelled to leave this rebuke go unanswered for, we might just as well appoint old Black Horse as Agent and Commissioner, and move out."

"This Indian has run everything his own way ever since he has been old enough to run anything and is of the worst and lowest type of mean Indians. Nothing is too bad or mean for him to do, if it will further his desire in any way. The friendly Indians are very much afraid of him and his outlaw gang and are strong in the opinion that he should be brought to sure and immediate justice."

at Ft. Wingate that a detachment of ten or fifteen men, equipped with subsistence sufficient at least to hold them over the winter, be stationed at Round Rock, and have further requested that at least one company be stationed at this Agency for protection. Desiring to exhaust all reasonable means before going to extremes, I have sent a messenger to Black Horse and those implicated in this fracas requesting that they come to the Agency. If they refuse to come, I then respectfully recommend their removal from the reservation, and confinement in some military prison, some distance from the Navajo country."

On November 12, 1892, Agent Shipley wrote to the Commanding Officer at Fort Wingate, New Mexico asking again for soldiers. He asked for enough soldiers to arrest Black Horse and bring him in by force. In this letter he said—"Referring to my letter of the 2nd. inst. in which I requested the use of troops to maintain my authority on the reservation, and having requested Black Horse and the other Navajos who were implicated in the trouble at Round Rock to come to the Agency. He has sent me word that he will not come and is making preparations for a defense, a courier having learned that some of his men were on the San Juan River trying to purchase ammunition, he is also trying to induce some of the Black Mountain Navajos to join him.

"In view of the fact that Black Horse and his band have refused to recognize or yield to my authority as Agent, I herewith renew my request for the use of troops in sufficient number to make the arrest of Black Horse, and those who are directly responsible for the trouble."

Agent Shipley's request for soldiers to arrest Black Horse was not acted upon by the Commanding Officer at Fort Wingate. On November 16, 1892, Shipley again wrote to the Commanding Officer, telling him that he had received word from Chee (Dodge) that conditions were getting worse in the vicinity of Round Rock. Shipley said, "If anything serious comes from this neglect to furnish troops the blame will not rest on my head."

Two days later, on November 18, Shipley wrote to the Commissioner of Indian Affairs complaining that he had tried to get soldiers from Fort Wingate to arrest Black Horse, but that no soldiers had come. He also said that he had called a meeting of Navajo leaders for November 23, to discuss the trouble with Black Horse and decide upon a course of action to be taken. Shipley pointed out that when a military officer by the name of Lieutenant Britt was attacked by Navajos, General McCook sent out 250 soldiers with orders to capture the leader of the outbreak, and if the Navajos fired a gun the soldiers were to kill the prisoner and open fire on the other Navajos. It seemed to Shipley that the military officers did not care about him because he was not himself a soldier. He further pointed out to the commissioner that the meeting of Navajo leaders might prevent a fight with Black Horse, but it would not help the Agent to get children for the school.

The meeting was held with the Navajo leaders on November 25, 1892, but Black Horse was scarcely mentioned. The Navajos spent most of the time complaining about the treatment of their children at the Fort Defiance school, and especially about Mr. Wadleigh, the school Superintendent. The Navajos said that they wanted their children to be well treated while they were in school. One of the Navajos, a man named Gordy, said, "When we put our children in school it is like giving our hearts up, and when the Superintendent abuses our children it hurts us very much. The name we have given this superintendent is Billy Goat. A billy goat is always butting all the rest of the sheep and imposing on them, and we think this is a good name for him. We make this complaint to you white people who want to see children well treated. And now we want a new superintendent who will take interest in our children and treat them as we do."

The treatment of the children at the Fort

11

Defiance school at that time may have had a great deal to do with the refusal of many Navajo parents to place their children in school. At this council meeting which Agent Shipley had called to discuss Black Horse many Navajos spoke against the school.

One said "When I brought my boy to school he had two eyes. The next time I saw him he only had one. I don't know how it happened, but it occurred sometime since school commenced this fall."

Another Navajo leader said, "Reports come to me that the Superintendent has been catching some of the boys by the throat and puts his hand over their mouth and smothers them."

There was also a complaint from an Indian woman who said that her son "was confined as a prisoner in the belfry of the school building for the period of two days without food. After this period the boy was allowed to go out in the school yard with handcuffs on his ankles. In this condition the boy attempted to reach his home, a distance of about ¾ of a mile, by crawling on his hands and knees. When within a short distance of home the boy sank to the ground exhausted, where his mother found him and carried him home."

The Agency carpenter wrote to Mr. Shipley on November 24, 1892 as follows, "—Mr. Wadleigh is guilty of vile and inhuman treatment of the Navajo boys in school, by placing them with handcuffs on their hands in the dark and poorly ventilated cellar of the old school building. This cellar, as you well know, is at the present time and was when I came here used as a storage room for salt pork, barrels of vinegar and syrup, kerosene oil, rotten potatoes and spoiled fresh meats . . . ."

Toward the end of the year 1892 Agent Shipley began to have trouble in the far northwestern part of the reservation. The Indians in that area thought that the land was theirs, and did not want white prospectors to come into it. The land in question had been opened for their use by an Executive Order of May 17, 1884, but this Order only stated that the land would be set apart for Indian use. It did not say that the land in question would be for Navajos only.

Early in 1893 Agent Shipley again had trouble with the Navajos. He became afraid of them and resigned. He was followed by Lieutenant Edwin H. Plummer, as we told before. Agent Plummer worked among the Navajos for four years. During the first year or two after he became Agent he had trouble with Black Horse, as well as with other Navajos living along the San Juan River. He wrote many letters telling about these troubles and about how he settled them. He also told many interesting things about conditions as he found them here in his day.

Lt. Plummer took charge of the Navajo Agency on April 1, 1893. The superintendent of the school, Mr. Wadleigh, had resigned. In his first letter to the Commissioner of Indian Affairs, dated April 11, 1893, he speaks about the school problems. He said in part, "The position of Superintendent of the School here will be a most difficult one to fill now. The prejudice against the school, aroused by Mr. Wadleigh's treatment of the children, is partly shown in a report of a Council held here November 25th last. . . . . . To remove this prejudice, regain the confidence of Indian parents and children, to arouse and keep up their interest in the progress of the education of the children will be a most difficult task, requiring the exercise of rare tact and qualities possessed by comparatively few persons."

Lt. Plummer pointed out, however, that elsewhere on the Navajo reservation people did want education for their children and were already asking for schools. He says "While the attempt to procure pupils for the school here nearly resulted in a massacre, a lady missionary working in the northern part of this reservation, has been repeatedly urged by the Indians in that vicinity to open a school, and promised an attendance of at least forty pupils. This is an illustration of what might be accomplished if the proper person were in charge of the educational work here."

But school problems were not the only ones

that concerned Lt. Plummer during his first month as Agent here. On April 14, 1893, he sent a wire to the Commissioner in which he said that he had received reports of a large band of Navajos raiding north of the San Juan River. On the following day he wrote to Chee Dodge, then a trader at Round Rock. He told Chee that he wanted to see Black Horse to ask him to help stop the raids. He said in this letter, "I am anxious to consult with Black Horse and have him advise and assist me in settling the affair, and I want you to come and see me, if possible, as to sending for him and making him understand why I wish to see him, that it is as a chief on whom I must depend to help me control the Navajos. . . ."

Apparently Black Horse did not come to see the Agent, but it was not long before Lt. Plummer met this Navajo Chieftain. Many white settlers had come into the area along the San Juan River by 1893. The Indians living on the reservation in the area south of the river were poor, and often times they did not have enough to eat. The white people tried to keep the Navajos within the reservation boundaries, but many Navajos were forced to go beyond these boundaries in order to find grass for their sheep. The white people had cattle on the rangeland outside the reservation, and the Navajos would often kill these cattle to eat. This gave rise to much trouble along the San Juan River.

On May 20, 1893, Lt. Plummer wrote to the Commissioner of Indian Affairs. His letter tells so much about the conditions along the river that we will quote the whole letter here.

"On the afternoon of April 21st I received, by courier, a letter from Mrs. Whyte, Field Matron, living at Jewett, N. M., telling me that a citizen named Welsh had been murdered in cold blood by a Navajo Indian on the 19th of April.

"I started for Jewett the following morning, the 22nd, arriving there on the morning of the 24th.

"On the same day I sent word to the Indian supposed to have committed the murder that I wished him to come to my camp. He came in the same evening and, through the Interpreter, confessed to me that he had committed the murder. On the following afternoon I made further investigation regarding the murder and the subsequent robbing of Mr. Welsh's store the night of the murder. After completing this investigation I gave orders to move camp to the Farmer's residence, about 12 miles farther east on the San Juan River. I instructed the Indian police, of which there were five, that the murderer and his wife must accompany us, and cautioned them to watch them closely. While I was hitching mules to buckboard and others of the party were saddling ponies the murderer and his wife escaped. I at once sent Indian police in pursuit but they were unable to find the man or any trace of him. I then talked to a large party of Indians who were present and advised them that it would be best for their interests to catch and surrender the murderer to me. They not only refused to do so, but some of them were insolent and intimated that they were responsible to no one and that no person could control them. I argued and advised them, but they said that they had heard Agents talk before and placed no reliance in what I said to them. I learned subsequently that friends of the murderer had, at this time, a large party concealed nearby in readiness to take the murderer from my policeman if attempt was made to arrest or remove him from the Reservation.

"My policemen informed me that they were unable to arrest the man, fearing to attempt it against the wishes of a larger party better armed, etc.

"In view of this condition of affairs I deemed it advisable to ask for assistance of troops, believing that a sufficient display of such force would bring the Indians to terms without violence of any kind. This proved to be the case. After learning that troops had been sent for the disposition of the Indians changed and they intimated that no resistance would be offered to the arrest and removal of the murderer.

"I succeeded in getting a small party to agree to search for the murderer. They found him and later agreed to secure and deliver him to me. This was accomplished on the night of April 29-30th. At 2 o'clock AM April 30th I was awakened and informed that Nesh-kai-hay, the murderer, had been secured and that the party was on the way with him and wished me to meet them, fearing the attempt of relatives and friends to rescue him. I started at once, with Farmer Francis and the interpreter to meet them. We met the party at 3:30 AM. We returned to the Farmer's residence, crossed the river to Fruitland where I hired a conveyance and hurried through to Aztec, the County Seat. There was some danger of citizens attempting a lynching, but we arrived at Aztec at 9 AM, distance 32 miles, and the murderer was locked up in the county jail.

"On Thursday, April 27th, while I was at the Farmer's residence, word was brought to me that Indians had surrounded the store of Mr. Whyte, husband of Mrs. Whyte, Field Matron, at Jewett, 12 miles distant, and that threats of murder and burning were being made. I started at once for Mr. Whyte's, accompanied by the Farmer and interpreter. Upon arriving at Whyte's we found that the Indians had dispersed. The disturbance was caused by an Indian crossing to the north side of the San Juan the night before, leaving his pony with friends and promising to return, but failing to do so and his friends hearing shots supposed that he had been murdered by white people in revenge for the killing of Mr. Welsh. A party congregated at Whyte's and said that if the whites had commenced killing they would commence too, beginning with the people at Whyte's and the Mission. Captain Daugherty was permitted by the Indians to go to a neighboring store to make inquiries regarding the missing man, and fortunately found him and brought him back to Whyte's. This satisfied the Indians and they returned to the Reservation.

"The report of the crowd and threats at Whyte's was carried by runners to Farmington, Aztec, Durango and other places and large parties of citizens armed and proceeded to Whyte's, to render assistance if necessary. Reports of the trouble were greatly exaggerated by runners and by newspapers and led to many accounts of trouble that did not occur at all.

"The depredations committed along the San Juan River by Navajo Indians during the past ten or twelve years have, without many exceptions, gone unpunished or uninvestigated. I know that reports of the condition of affairs in that vicinity have been made to the Interior Department, but only a personal visit and investigation would convince anyone of the true state of affairs and the almost incredible outrages and abuses perpetrated by Indians on white people without punishment from authorities or sufferers. A climax seemed however to have been reached with the murder of Welsh and the subsequent action of the Indians at Whyte's, arousing a unanimous feeling among the white people that the time had come when they must rise and join in asserting the right to their property and lives. The party of citizens who remained at Whyte's on the night of April 27th decided the following morning to proceed to drive all Indians living off the reservation in that vicinity back within the reservation line. They sent word to me that this was their decision and that they would commence at noon of the 28th. I feared that with the state of feeling existing on both sides such action on the part of the citizens would precipitate open hostilities and lead to much bloodshed. I hastened to the point where I was informed the work would commence and found a party of over thirty citizens driving Indians with flocks and herds before them. I advised and persuaded the citizens to leave such work for troops, which was agreed to with but little demur. It was at this time that I requested authority to designate the San Juan River as the northern boundary of the Navajo Reservation. The little piece of the reservation north of the river, west of Jewett is a barren uninhabitable tract, with the exception of a few small flats on the river bank, but it gives the Navajos an excuse to cross the river, an excuse of no mark to define boundary of Reservation, an opening to pass over the Ute Reservation to Durango and other places where whiskey can be and is obtained in quantities and in the same way introduced on the reservation. It would be much easier to control the Indians and much trouble could be avoided if the River were designated as the boundary. The Indians complain too of too many corners in the line and ask to have it straightened. There are no white settlers on the land referred to, and no wood, water, grass or other inducement for them to locate on it.

"There are no unauthorized white people on any part of the Reservation, while the Navajos are off the Reservation on every side of it, killing cattle, stealing ponies, etc. Those along the San Juan River, recently made to return to the Reservation, are already complaining that they are starving since they have not access to beef cattle of white people north of the river.

"If the western boundary could be extended to the Little Colorado River, similar troubles in the vicinity could also be avoided".

"I notified all Indians living off the Reservation, north of the San Juan River, that they must return to the Reservation, and all or nearly all had complied with the order before I returned here. A few with sick children and flocks were unable to cross on account of high water.

"Near River View, Utah, about sixty miles west of Fruitland, there is a store owned by Daugherty and Hyde. This firm had built a large ferry boat operated on a steel wire cable, for hauling wool across the river. Indians were forbidden to use this boat as they did not understand the management of it and there was danger of their swamping it if they attempted to use it. On April 5th two Indians took the boat from its moorings and would not stop or return it when ordered to do so by Captain W.W. Daugherty, U. S. Army retired, a brother of Mr. Daugherty of the above named firm. Captain Daugherty fired two shots into the water near the boat to compel the Indians to return with it, which they did. They then gathered a party of about thirty five Indians, went to the store and demanded that they be paid two hundred dollars as redress for the shooting, or they would burn the buildings, etc. The money was paid and I was notified of the facts. About ten days later an Indian, while drunk, burned a large crib built in connection with the cable of the ferry boat. And afterwards threatened to kill Mr. Hyde. These Indians belonged to Black Horse's band. On May 7th I went to Black Horse's camp, accompanied by troops and informed him that the Indians who demanded and received the $200.00 and the man who burned the crib must be turned over to me to be brought to the Agency for trial by the Court of Indian Offenses, and that the $200.00 must be returned to the owners of the store. Black Horse demurred at first, but finally agreed to meet me at Hyde's store on the following Thursday with two of the men and the money. The troops with me were out of rations so it was necessary to return to Fruitland and start out again with fresh troops, on the north side of the river. I left Fruitland May 9th, accompanied by two troops of cavalry and proceeded to Hyde's store, arriving there Thursday the 11th instant. Black Horse arrived on the following day, accompanied by about thirty five bucks. He turned over to me the two prisoners and promised to pay the $200.00 as soon as it could be raised by the friends of the prisoners. Black Horse expressed an intention the night before to refuse to comply with my wishes and to defy my authority, but being better advised and finding me supported by troops he decided to act as I wished.

"I was informed that there were grown men in Black Horse's party who had never seen an Agent before. There has been a great deal of cattle killing, horse stealing and whiskey traffic by Indians in that vicinity. I warned the

Indians that the white people and their property must not be molested and that the traffic in liquor must be stopped.

"I heard of a case west of Hyde's store where an Indian has in his possession $1000 worth of horses belonging to a white man, which he acknowledges but refuses to return. For want of time I was compelled to defer investigation of the case.

"I returned to Fruitland with the troops, arriving there on Monday the 15th. On the same afternoon I went to Aztec, 32 miles distant to attend preliminary hearing in the case of the murderer of Mr. Welsh, which was held the following morning. He was committed to jail to await the action of the Grand Jury. I returned to Fruitland the same day and on the following morning started for the Agency, arriving here at 11 o'clock AM the 18th. While absent I traveled, by buckboard and horseback 659 miles."

On June 5, 1893, Lt. Plummer wrote to Chee Dodge as follows, "I will send the things for Black Horse by your wagons. Please tell him that I would very much like to release those prisoners as they have been confined so long and as soon as I get the $200.00 and the gun I will send a runner to the Officer in command of the troops and tell him to turn the men loose . . . . . . "

On June 22, 1893, Lt. Plummer wrote to Captain Daugherty, telling him that Black Horse had sent word that he had collected $180.00. Lt. Plummer said that he would set the prisoners free at once. He also told Captain Daugherty that he would "come up and attend to the horses being released just as soon as I can get away for long enough. I have a murder case and a four thousand head of sheep steal to settle down here, besides several minor cases and I may not be able to get away before August."

On June 27, 1893, the Agent wrote to the Commissioner of Indian Affairs. Speaking of the Navajos living along the San Juan River, he said, "The Indians in that vicinity are so far from the Agency and have seen and felt so

little of the authority of the government that they are not easily controlled, and I believe that if they are not controlled and prevented from returning to their former habits serious trouble will be the result."

It is clear from Lt. Plummer's letters that conditions on the Navajo Reservation in the 1890's were very unsettled. The Agent had a hard time keeping the Indians from getting into serious trouble with the white people and, as we shall see the Indians were having a hard time to make a living. At this time Lt. Plummer estimated that there were about 20,000 Navajos. It seems that the Indian Office had told him to count the Navajos. Since it would have been impossible for him to count the people he wrote to the Commissioner of Indian Affairs telling him that "This tribe comprises about 20,000 Indians, scattered over some 12,000 or 14,000 square miles of country, living in mountains and secluded places difficult of access and often almost impossible to find unless known to the searcher. Many of them (are) located from one to two hundred miles off the Reservation. If every available employee and animal pertaining to the Agency, including school and police were started tomorrow on this work it could not be completed within the time specified. I will endeavor to secure an approximate estimate of the population. This was all that was really obtained when the last regular census was made, with all the time and facilities, funds, etc. at the disposal of those making it."

In many ways Navajo economic conditions as described by Lt. Plummer in the 1890's sound very much the same as they do today. The people were increasing, but their reservation land was not growing as fast as the population. There was not enough feed for the livestock, and the sheep were becoming poor in quality. This fact is brought out by the Agent in a letter of May 22, 1893 to the Secretary of the Indian Rights Association, in which he says, "A cross breed of sheep is also very much needed as continued inbreeding has greatly reduced the yield of wool . . . . . "

In a letter of December 27, 1893 to the Commissioner, the Agent points out that boundary markers should be put up on that part of the reservation running northward about 15 miles from near Jewett, New Mexico. In this area itself there was no stock water, and the Indians were in the habit of watering their livestock at a place four or five miles east of the reservation. While watering their animals they would let them graze on the off reservation range, and this led to continual trouble with the white cattle men. Also, Lt. Plummer says "Last winter many cattle were killed in this vicinity by Navajos. They are much more in need of food this winter and will probably resort to cattle killing again whenever opportunity offers unless kept on the reservation in that vicinity."

In a letter of December 29, 1893, Lt. Plummer again speaks of the poverty of the Navajos. He asked if funds would be available that year with which to buy wagons, scrapers, plows, wire fence and alfalfa seed for the Navajos. He says, "If ditches are constructed, as appropriated for last year, some provision should be made to enable the Indians to make use of the water after the completion of the ditches.

"These Indians are too poor now to buy anything. They cannot buy the necessities of life. There is a strong desire among them now to improve their land and to make some effort towards improving their pastures. Their grazing lands are in very poor condition and complaints are continually made about their trespasses on the lands off the reservation with their flocks.

"A strong complaint comes in tonight from the Atlantic and Pacific, not only that Navajos are occupying lands granted to the railroad, but that settlers will not buy or use the lands of the railroad company while Indians are occupying the adjoining lands. I know this to be the case. Every session of the Legislature of Arizona passes resolutions urging that the Navajos be kept on their Reservation.

"The Reservation and the Indians are so impoverished that it is not practicable to hold them all on the Reservation as things are at present, especially on the south and west, but I believe that if water of the springs and streams on the Reservaton were developed, as they may easily be, and the Indians assisted to, and encouraged in, improving their pastures and cultivating farms it would result in their all coming to the Reservation, and if the Reservation were extended and enlarged by the extending of it to the Little Colorado River on the west and making the southern line an extension of the Moqui Reservation, I believe that the whole tribe could be induced without difficulty to occupy only their own lands. . . . If these Indians are not materially assisted this year and (if) next year proves to be a dry one and a poor wool season, rations will have to be issued to the majority of the tribe next w i n t e r to prevent them from starving to death."

In his letter of May 20, 1893, in which he reported to the Commissioner on his activities in connection with the murder of Mr. Welsh, the Agent said, "About half way between the Agency and Fruitland I visited and inspected a dam built in Cottonwood Wash by an Indian known as Captain Tom. He built cribs of logs and filled them with rocks, backed by earth, making a dam about twenty five feet thick which turns nearly all the water of the creek off on a prairie, bringing about two hundred acres under irrigation. The work is very creditable. The land is used for pasture and for planting.

"The idea that the Navajos are self supporting is certainly erroneous. Unless subsisting on cattle of white people can be called self support. Their principal diet is meat and they never use their ponies or sheep for food if they can get beef by stealing. They are poor and getting poorer, and unless assisted materially very soon they must be fed by the Government or forced to increase their stealing. Their flocks have been largely diminished by sale, sickness and occasional use for food. The greater majority have no visible means of support at all. and must live on stolen cattle, through stealing ponies and horses, or on the fast diminishing herds of others.

"The great need is for fences, ditches, seeds (principally potatoes, wheat, alfalfa, oats and corn) planted, cultivated, and products gathered and distributed or stored, under the direction of Farmers, the introduction of a cross breed of sheep, and the compulsory exchange of large numbers of worthless ponies for sheep or cattle."

On January 3, 1894, Lt. Plummer wrote to Mr. C. H. Fancher, General Agent for the Atlantic and Pacific Railway (now the Santa Fe). The railroad officials had been writing to the Agent demanding that Navajos be made to move back onto the reservation where ever they were living outside the boundaries. The railroad was especially interested in getting rid of Navajos who were living on railroad land.

In this letter Lt. Plummer said, "The Reservation is not large enough or in condition to support the herds of the Navajos and this has been made the subject of several reports by me.

"Last winter money was appropriated for the purpose of developing the water on the Reservation, constructing ditches, reservoirs, etc. Up to the present time, so far as I know, nothing whatever has yet been done about carrying out this work. I believe that if done the resources of the Reservation would soon be so developed as to draw nearly all of the Navajos onto the Reservation. As it is now they could not be provided for on the Reservation, unless fed by the Government. They are considered by the Government a self supporting tribe and it is very difficult to get anything for them from the Government. The annual appropriation for the Support and Civilization of the Navajos is only $7500.00. Out of this comes all the running expenses of the Agency.

"I have frequently represented to the Indian Office the condition of this tribe and in their present condition, unless assisted, must starve or steal.

". . . .I fully appreciate the situation and have for a long time, but have not been able to make it clear to the authorities in Washington. The same or a similar state of affairs exists in other localities where the Navajos have been compelled to move off the Reservation to get grazing for their flocks.

"I would recommend that you have the authorities of your road in the east visit the Commissioner of Indian Affairs, in Washington, and fully explain the situation to him. If this were done persistently by your road and by the cattle men and others interested I believe that proper measures would be adopted to relieve the situation, which I consider, and have so reported, very serious. It is not understood or appreciated in Washington or anywhere away from the Reservation. Only those in continual contact with these Indians know how impoverished they and their Reservation are, and what urgent necessity there is that something be done for them, as well for their sakes as to give the settlers about the Reservation the enjoyment of their rights. If these Indians must be fed and supported it should be done by or through the general Government and not by those who are compelled to on and about the Reservation . . . . but I also understand the situation better than anyone else and see difficulties to speedy adjustment of the difficulties that do not appear to those living at a distance."

Lt. Plummer was interested in Navajo problems, and tried his very best to help the people. He knew that one of the answers to Navajo problems was the education of their children. But few Navajos at that time were interested in education. They lived very much as they had always lived, and had little interest in learning the ways of the white man. In fact, many Navajos did not believe that there were very many white men. They had never seen many. . . .only the few who came onto the Reservation for one reason or another, or those few settlers that lived around the Navajo country. Some of the younger Navajos felt that the tribe was stronger than the white people.

Then too, the schools on the Navajo Reservation at that time were not always as good as they might have been. We have told how the children were mistreated at the Fort Defiance school. It took Lt. Plummer a long time to regain the confidence of Navajo parents and to get them to again send their children to that school. It was also very difficult to get good teachers and other school employees to come to the Navajo country. In those days life was hard on the reservation, and the salaries paid to the teachers were very small. The teachers received about $600 a year at that time, and had to work very hard, so the best ones stayed back east where life was easier and the pay higher.

In order to convince the Navajos that the United States Government was strong enough to force the tribe to behave if necessary, and to convince the Navajo people that education was a necessity for their children, Lt. Plummer decided to take a group of Navajos to visit the east. He got the approval of the Commissioner for this trip, but the Indian Office had no money to pay the expenses. Lt. Plummer originally planned to take the group of Navajos to Washington as well as to other large cities in the east. His mother lived on a farm near Baltimore, and he wanted to take the group there for a rest after their visit to the eastern cities. However, such a trip would cost too much money, so he had to change his plans.

In the year 1893 there was a great fair in Chicago, called The World's Columbian Exposition, and Lt. Plummer decided to take his group of Indians to this fair. It was through the Indian Rights Association and its Secretary Mr. Herbert Welsh, that Lt. Plummer got the money for the trip. We will quote some of the letters here which tell of his reason for making the trip, and the results of this visit to the east.

On June 5, 1893, Lt. Plummer wrote to the Commissioner of Indian Affairs asking for approval to his plan for taking a group of Navajos to visit the east. In this letter the Agent said, "I recommend that arrangements be made to have a carload of Navajo Indians visit Washington and two or three larger cities in the early autumn, for the purpose of seeing something of the educational methods of Americans, and the power, extent and advantages of civilization.

"But this means that advantages of education and the resources and strength of Americans would be demonstrated to the Indians in a way and to an extent that could never be accomplished by any amount of talk or reasoning, or in any way except by observation, the natural and almost only way for the Indian to acquire knowledge.

"The Indians to be selected for this journey should be from those living most remote from civilization and from those most opposed to adopting civilized modes of living and the educational advantages offered for their children.

"Many of the young men of this tribe believe that they are superior to Americans in every way, having seen only a few settlers scattered along the frontier, few specimens of Americans and those of the worst type.

"When two troops of cavalry visited an Indian encampment a short time ago an Indian remarked that he had heard that there were a great many Americans, but he had no idea that there were so many as those present.

"Indians learn and are influenced almost entirely by observation. Their observation of education and its advantages has not been sufficient in extent or degree to develop in them a desire to have their offspring educated as would undoubtedly be the case if some of them could see personally some larger school and the methods of educating American children and tell it to their people."

On June 22, 1893, Lt. Plummer wrote to Herbert Welsh, Secretary of the Indian Rights Association, saying that he had applied to friends on the railroad for rates for a carload of Navajos. He pointed out that it was not the leading men of the tribe who needed to visit the east and find out something of the strength of the white men, but some of the younger men who "are rebelling against and opposing the efforts to educate and civilize the children, and who think that they are stronger than the whites." The older men had learned about white men and about the white man's way of life at Fort Sumner.

In another letter to Herbert Welsh, dated June 29, 1893, Lt. Plummer said that he had hoped to visit the girls' school at Vassar because "They (the Navajos) have such an aversion to having their girls go away from home to school I wanted them to see a large girls' boarding school."

On July 1, 1893, the Agent wrote to Major S. K. Hooper, General Passenger Agent for the Denver and Rio Grande Railroad. He said, "We have had much trouble convincing these Indians of the advantages of education, and I am very desirous of showing them some of the large schools for white children. There are some young bucks of the tribe who have a contempt for the strength of the whites, and I wish to have some of these see something of civilization. It is chiefly those on the northern part of the Reservation that are to be convinced, so that it would be just as well to go out by way of Durango. If I so arrange, it will only stop off at Denver. I think that they can see enough in that city and Chicago to convince them of all that I wish to impress upon them. As the Government cannot afford the expense of the trip I shall make no endeavor to take them to Washington."

Lt. Plummer's party left Gallup, New Mexico, on October 13, 1893, traveling on money raised by the Indian Rights Association. There were eleven men, one school girl and two school boys in the group. In a letter to the Secretary of the Indian Rights Association on October 26, 1893, the Agent said that, after leaving Kansas City, three of the Chiefs asked to talk to him.

They told him that "They had always supposed that they knew all about the country we were traveling through from their ancestors,

but that they now saw that they were mistaken. They had supposed that there were very few white men in that part of the country, but they saw that it was full of them. One of the Chiefs added that now when the Navajos were "acting mean" he had something to tell them that would make them behave themselves."

While in Chicago the party of Navajos camped on the Fair Grounds at the World's Columbian Exposition. There they visited all the exhibits, and everything they saw was carefully explained to them. They were also shown about the city, and visited many large industries there.

The party left Chicago on the twenty first of October, and arrived back on the reservation on October twenty fourth. During the evening of their arrival they told about their experiences to a group of school children and visiting Indians at the Agency. Two of the Navajo leaders were said to have spoken out strongly urging the people to place their children in school. The cost of the entire trip was $754.17, as Lt. Plummer reported it to Mr. Welsh.

Under Plummer's guidance Navajo interest in education began to grow. However, the schools were not large enough. Children were crowded then as badly as they are in some of the present day reservation schools. The Agent points these facts out in a letter to the Commissioner dated December 26, 1893, in which he describes conditions at Keams Canyon. He felt that the school was good as far as educational work went, but of the buildings he says:

"Into dormitories which the physician says should accommodate forty pupils, eighty to one hundred are crowded. This renders the condition as crowded nearly as the homes of the pupils. Scarlatina and mumps have lately been among the diseases treated by the physician, and in the crowded condition of the building it is almost impossible to prevent the spread of the disease, and if deaths occur a strong prejudice will be aroused against the school, to say nothing of conducting a boarding school for any human pupils with such a condition of accommodations. The mess room and the kitchen are in the same room. Entirely too crowded for the purpose. The boys' dormitory and wash room (used as a sitting room for the boys) are without ceilings, and the latter is very much in need of a new floor. The store rooms are entirely inadequate. The flour and winter supply of potatoes are crowded into a small room, with only a few square feet of space near the door. The potatoes on the bottom of the pile will naturally be last used and will, especially in the closely packed, ill ventilated condition of the room, become very much decayed before using. The flour on the same level will also be last used, and while in store will absorb more or less of the exudations from the decaying potatoes and would probably be injurious to health of any eating bread made from it. Ample appropriations should be made for the construction of additional school and store buildings."

On January 8, 1894, Lt. Plummer again wrote to the Commissioner. The Navajo Agent was not sure whether or not to consider himself in charge of the Hopis, and asked about this matter. He had just returned from a visit to the Hopi villages, and found that the Hopis did not want to send their children to school either. He talked with some of the Hopis, and got a half promise that they would send their children to school. However, when the time came, no children appeared. His interpreter, a boy who had just returned from Haskell, told him that the Hopis would rather have policemen sent for their children. Lt. Plummer says, "This is in opposition to the policy I have adopted with the Navajos, but having so little to do with the administration of the affairs of the Moqui (Hopis) I was led to believe that this means would be satisfactory to them and would secure the children, so (I) sent some policemen who, accompanied by Mr. Goodman, visited the villages but failed to secure the children. And it is now reported to me that soldiers must be sent to force the children. I must say that I do not believe this

method should be pursued. If soldiers are sent I believe that it should be to arrest and confine the headmen who are responsible for the children not being sent to school."

In this letter Lt. Plummer reminds the Commissioner of the letter of December 26 in which he described the crowded condition of the school at Keams Canyon. And he recommended that no action be taken to get more children into school there until the school was made large enough to take care of them.

Plummer was working closely with the Navajos, trying to convince them of the need for educating their children. He tried to persuade them to place their children in school, rather than send soldiers to force them to do so. In this way he was regaining the confidence of the people, and was well on his way to building up a school that was really running. In his letter to the Commissioner he said, "I received word today that twelve children had been gathered for this school near Round Rock, where Agent Shipley had a fight with the Navajos while trying to secure children, and aroused even a stronger prejudice against the school than existed before.—I mention this to show how entirely the sentiment of the Navajos has changed toward school work and I believe that if the proper methods are pursued with the Moquis similar results will be attained."

On January 22, 1894, Plummer wrote to his friend Herbert Welsh of the Indian Rights Association. He said, "The Chicago Trip had a wonderful effect on the tribe. Especially in the desire for educational work. We have now a larger attendance at the Boarding School here (Fort Defiance) than there has ever been before, and the children have all been brought in by the Indians instead of by policemen as formerly. Recently we received sixteen from the neighborhood of Round Rock where, a little over a year ago, Agent Shipley had a hand to hand encounter with a large party while endeavoring to secure pupils by force."

The Agents who came after Lt. Plummer

did not always carry on the work as wisely as he did. They also had their troubles with the Navajos, sometimes over the matter of placing children in school. However, more schools came to be built, and gradually the attitude of the Navajo people toward education has changed. Today the people everywhere are clamoring for more schools for their children. But there are still not enough schools even today, and some of our present schools are almost as crowded as the one Lt. Plummer described.

We have given a little sketch of Navajo history from early times through the difficult years following the return from Fort Sumner. Then we have quoted from letters written by the Navajo Agents during the years 1892-1894. This should give the reader a good picture of conditions as they were at the time Agent Shipley had the fight with Black Horse, and he should have some idea of how these conditions all came about.

Now we will present the stories of Navajos, one of whom was present at R Rock when the fight with Black Horse occurred. You have read the white man's account of what happened. Now to make the story complete you should also read the Navajo account. In that way you can learn both sides of the story. The stories given by the Navajos are told here in their own words—just as they told them. They are translated into English, but you should read them in both languages. It is hard to translate some things from Navajo to English. The translator has to merely try to come as close as he possibly can to the meaning. So if you read the Navajo, you will get everything just as the story teller meant it. If you read the Navajo first and then the English, you will be able to understand the English better, and you will be able to find out how to say in English many things that you know in Navajo but do not yet have a word for in the white man's language.

The Trouble at Round Rock

by Left-Handed Mexican Clansman

My forbears, the old men and women folk, were of the Mexican People Clan. With great hardship they came back from the place called Fort Sumner, packing their goods on their backs, and afterward lived here at Lukachukai. Here they began life anew. Then from their home at a place called Spring in the Clay they started moving over and across yonder mountain. While they were making this move they stopped for the night, and it is said that I was born where they halted. Let's see, I believe it was in the month of October. I was born on a night when a heavy snow had begun to fall. My grandfather, a man by the name of White Mexican Clansman, and another man called The Son of Former Sweathouse, were the only men. They and several women-folk worked hard on me.

My grandfather had a fine wether goat that he was quite proud of. He killed it there, and the people feasted with great joy. Then on the day following the night of my birth we again started to move. In those days people went about only on horseback or afoot.

On the day following the night on which she gave birth to me, my mother went on foot as far as the people moved that day. And since it had snowed the night before they had to go through the snow. It is remarkable how risky life was in those days. Nowdays when a woman gives birth they take special care of her, telling her not to catch cold. Back at that time it was different.

As time went on I somehow grew up. I do not remember much about it. I do not remember in detail much of what happened before I was about ten years old. When morning would come and I would be sleeping nicely, my grandfather would throw me out of bed. "Come on! Come on! Why are you lying down? Go run a race. If you're weak the first harmful thing[1] that comes along will run over you. If you are strong you will lie huddled in death only after the dirt is torn and furrowed around you (i.e. you will give up only after a struggle)," my grandfather used to tell me. The old folks all used to say that.

They probably said this because they knew of the wars that were going on. That is the way my grandfather drove me about and spoke to me. He did not speak in anger. He did not speak harshly. He told it to me in a nice way. So that is the way I spent my days from that time on.

After I had reached the age of eighteen I did various kinds of odd jobs. I had an uncle by the name of Forked House. He was a young man, and he adopted me. He started sending me on chores. I would take care of his horses for him. He had a wagon and a team. He

[1] We have here translated the Navajo word **deeteel** as "harmful thing." The word formerly denoted a monster of some type. Since the word means "broad horns" literally translated it has, in modern times, come to be identified as "moose." It **may** actually have been used to designate this animal in former times when the Navajo lived in the far north. It is said by some that the horns of the **deeteel**, "brought from Alaska or somewhere in the north," are used in certain ceremonies.

It is interesting to note in this connection that two expressions involving the word **deeteel** are still current, both translating "to pass away," "to die." Deeteel yáá-bí'iisha', he died (lit. the deeteel tossed him up into the air). The stem -sha' refers to a pronged sharp pointed object, such as the prong of a horn. The other expression is deeteel haya'iiká, he died (lit. the deeteel scooped him up in the air.) The stem -ká refers to a shoveling or scooping action, such as might be accomplished with the broad portion of a moose's antlers. It is altogether possible that **deeteel** was formerly used by the Navajos to designate the moose at the time that they lived in the north. The expressions referring to death may well have had their origin at a time when this powerful and sometimes fierce animal was a common cause for the untimely demise of people.

would tell me to haul wood with it, or to work with it.

At the time I was about eighteen years old the person who started the present trading post at Blue Clay Point moved there—I used to know just when it was. They used to call the Former Old Interpreter (Chee Dodge) Chee (Red) when I first heard of him. Chee was a good friend of a white man from Ugly House (Manuelito, N.M.) known as Big Lump Setting Up (S. E. Aldrich). The two of them built the trading post at the place called Blue Clay Point. It was in the spring when they moved there. There was an epidemic in progress, and we now refer to it as "the time when the throat killed many."[2] It was at that time, in the spring, that they moved to Blue Clay Point, it was said. That is how it came about that the one who would be called The Interpreter (Chee Dodge) and the one who would be named Big Lump Setting Up came to move there.

They built the trading post and four years later perhaps, I do not recall exactly when, the one I called my uncle told us to haul wood there. They (the traders) probably called for the wood.

There was a boy of the Big Water Clan with whom I always chummed around. We started doing that kind of work. We went about calling each other "younger brother," and we hauled wood to the trading post. We heard reports that there were people going about to get children put into school. It was said that they were then over at Chinle, and we heard that they were coming here sometime soon. We would discuss it when we took the wagon after wood.

"Say, let's go to school," I said to my companion.

"All right," he said.

And we went about, talking enthusiastically about it. In the evening after we had unloaded another load of wood we started back home in the wagon. When we got back to the hogan we found that my uncle was there. And it turned out that my grandfather, who was called Big Mexican Clansman, was there too. So we told them of our plan.

"They are putting children in school, it is said."

We told them how we had both said, "Let's go to school."

"It's probably all right. It's fine indeed, my children. A party is on its way coming to us. You cannot escape them anyway," my uncle and my grandfather said to us.

On the next day we went to the trading post, and my grandfather put his thumbprint on a paper for us.

It was reported that the children from Chinle who were being taken to school would get there in two days, and we heard the grown-ups talking to one another about it.

Of those menfolk who were talking to one another about it, one was called Weela. He lived over behind Round Rock, and was one of the leaders at that time. One was called Bead Clan Gambler, and he was a member of the police force. He was a very strong, husky man. He was from Chinle, but he was a member of the police force at Fort Defiance. He had come on ahead with the white man from Fort Defiance called Little Chief (Agent Dana Shipley). It was there that my grandfather spoke and promised us.

"I am putting these two boys in school," he said by way of promise.

Since it was reported that it would be another day before the wagon load of children would arrive, we went back home. We spent the night there, and then returned on foot.

And we found that the children had arrived. There was some man of the Bitter Water Clan whom people called Pug Nose. He was going around with the party, taking care of the children. He knew a little English, and that was probably why he was told to take care of the children. He was busily running around the children who had been hauled in, chattering in English. He was keeping them to-

2 Reference is to an epidemic of throat infection which, taking place in 1887, is said to have killed an estimated one thousand Navajos.

gether. The children from Blue Clay Point who were to be put in school had not all been brought in as yet. It was said that the wagon with the children would start off in two days. They were to go by way of Lukachukai, Tsaile, and Crystal, and on over to Fort Defiance. That was probably the plan.

But the people who live over beyond yonder mountain in the area of Cove and Red Rock were thinking ugly thoughts about the plan in connection with education. It is just recently that these people became old men, and they have all died. At that time, when they acted as they did, they were young men. They said that if this business of taking children to school got to them they would really do something about it. As we came to find out, they were saying that (the school) would not get a one of their children. A man by the name of Black Horse was the leader of that faction. They had no doubt heard that in a certain number of days a party would come to Blue Clay Point for the purpose of putting children in school. So they began to think of the matter with bitterness.

They probably said, "Boys, let's go there. Come on!"

So they probably set out from there for this purpose (of opposing the placing of children in school). We had not heard of this, and knew nothing about it. They met (the school party) at Blue Clay Point.

Near the trading post there was a house which, at that time, we called the Ugly House. The house served the purpose of providing a place to sleep for the people who came to the trading post. Black Horse's party went over there, and they no doubt came with evil thoughts. The people who lived hereabout had heard nothing of their plans, but at night they spoke about themselves, revealing their intentions.

The one I referred to as my grandfather, and another uncle of mine called Little Boy, apparently went there at night and heard them telling about it.

Among those present were the men known as Black Horse, Limper, Tall Red House Clansman, Old Bead Chant Singer—who was of the Red House Clan—and his cousin, a Bitter Water Clansman called Bead Chant's Nephew, and another man with whom I was merely acquainted, and who was a relative of mine by marriage. His name was Yellow Fermentive Chewer.[3] These are the only ones I can remember of those who came from there (on the other side of the mountain). I do not remember who the rest were.

They probably planned to go in to see the Agent on the next day. They no doubt told what they thought—what their opinions were regarding this school business that had started in connection with us. They told these things to the people from here who had gathered. So people began to think along the lines of their planning.

"Now men, is there anyone here who can do it (a chant)? Long ago, people of old had a story of some kind of chant called "Talk One Into the Grave." Who of you knows it?" said Black Horse, asking that it be performed.

These people from the other side of the mountain were saying this. That is what I heard. I wasn't at the meeting myself. And I don't know just how this chant goes.

"I do," said the one I referred to as Little Boy.

"Two of you are needed for it," said Black Horse.

So then my grandfather, the man I spoke of as Big Mexican Clansman, volunteered to join him to carry on the ceremony. South from the trading post there is a ruin which we call in Navajo Shattered House. Someone burned it long ago. It is said that they were anasazi.[4] It is black there like ashes. It was there that

_____

[3] Formerly a fermentive was produced by chewing starch, the enzymes from the saliva functioning to convert starch to sugar. This process was used especially in preparing the "puberty cake" called 'alkąąd, and the individual herein named was no doubt reknowned for his ability along this line.

[4] The Navajo name for the ancient Puebloan peoples who built and lived in the many ruins that dot the Southwest.

25

they carried on the ceremony. I don't know how it was done. That is what took place that night.

As for us, we spent another night at my uncle's hogan. Today we had been placed among children who were to be taken off to school. On the morrow we would start off with them. So for that purpose, in the morning we again started off from the hogan afoot. We left with menfolk, with the one who would thumbprint the papers for us, and who would vouch for us. It was my grandfather, Big Mexican Clansman. He stood up for the two of us.

When we got to the store we found that many people had assembled. Many horses were standing about. At that time horses were the only means people had for transportation. Some of us did not know what had been done the night before. All we had found out was that someone by the name of Black Horse had brought a party from the other side of the mountain.

We were told that now there would be work here making out papers for more of our children. There were three Navajo policemen there in that connection. One of them turned out to be Bead Clan Gambler, one was Singed Man from Fort Defiance—he was also known as Son of Former Rag Man. Another was Interpreter's (i.e. Chee Dodge's) brother-in-law, a Red Streak Into Water Clansman. This man was killed recently at St. Michaels at a rodeo. He was killed by a racehorse on the track during a race. At that time he was a policeman. I can't think what his name was—I merely knew him by sight. He was merely called Interpreter's Father-in-law (?). He was a policeman back at that time. So there were three policemen. It happened that way. Then we were told that the time had come. We saw the people going inside the trading post, so we just went in with the crowd. We two who were going to school stayed together. As for the rest of the children who were going to school, I don't know anything about them.

At the time we had brought the last load of wood, while we were unloading it we noticed two women leading a horse nearby. They were probably on their way home. One of these women had promised her son for school. His name was River Man—that is the one she had promised for school at that time. The woman glanced our way. Her name was Red Buttock Clan Woman. She is still living and her hair is white. As she passed by she said, "It is said that those boys who are unloading wood over there have been promised for school—they will go to school too. Golly, why they are big enough to be of use here now," she said of us. I don't know what she had in mind in so saying. We just laughed about it afterward.

But that was right. We had volunteered for school. We were going to get an education. We considered school as good news. That was what I thought. I always told my friend about what I myself was thinking. "You see, it's something to strive for and covet. Look at Chee's trading post here. Quite some time ago when they moved back from Fort Sumner he had a hard time. He started his life by poking around in the horse manure in a stable. He used to be out there early in the morning with a stick especially made for that purpose. He could be seen sitting out there silhouetted against the sun, with the light shining red through his hair. That is how he came to be called Chee (Red). Then some white people took him in. That is how he got his start in life. That is how his mind began to develop. He got ahead and now here he is in his enviable position. He knows English," I said.

That is what I had an ambition to do at that time. It was for that reason that I volunteered myself for school. And the person who had joined me thought likewise. With this in mind I wanted an education badly then. But it was destined to turn out differently.

The people went into the trading post. It was packed full. Over here on one side the counter ran. Further back in the room was a swinging gate. It was out through there that Chee came. The brother of The One Who Has Eyeglasses (John Lorenzo Hubbell) from

Ganado, a man called the Bat, was a clerk there. He was over to one side behind the counter. The Bat was a man who could understand Navajo very well. A little later the one called Little Chief (Shipley) came out, and stopped beside Chee. Chee was his interpreter as he began to make a speech to the people. Black Horse was standing against the counter over to one side. The people of his band were standing with him. The people who had promised their children for school were named, and we were told many things about the school.

Then Black Horse spoke up and said, "This business of taking children away from people to put them in school—when is it going to affect the people from over beyond the mountain?"

"It will reach you sometime. Tomorrow these will start out, and will be routed right along the mountainside," said Little Chief (Shipley).

"We'll not give you a one of our children. And we'd just as soon fight over the matter as not," said Black Horse balking stubbornly.

Speaking this way to each other the Agent and Black Horse exchanged many words.

The one I referred to as Limper was standing near Black Horse, with a blanket wrapped around his middle. And those of his band were lined up, one behind the other.

"Come on, you boys. Remember what you said," said Black Horse.

The one called Limper was the first to hop in there, and he grabbed the Agent by the collar. Then they all rushed in. Chee jumped over the gate at the back of the room, and chaos followed.

"Outside with him!" voices were saying.

They started out with him. As they were taking him outside I crawled and squeezed myself out among them. Just then they locked the door from the inside. Two of the boys who were going to go to school were locked in. The one I referred to as River Man, who is now known as Short Hair, and another boy with him. These were the ones who were locked

inside. On account of this fact the man I spoke of as Weela took the Agent's side—it was because one of the boys locked in there was his son.

The mob was carrying the Agent away. Not far from there, there was a drop. There was a wash in the blue clay with a point of land on either side. That is how the trading post got its name. It was a long drop.

"Throw him down there!" voices were heard saying.

A lot of people were standing alongside the trading post, and I among them. My uncle was standing beside me, and I don't remember who else was standing there. As the people carried the Agent along they beat him with their fists. They were beating him up. But as they carried him further away the one called Bead Clan Gambler went running from here where we were standing.

"What the devil are you trying to do, boys?" he said as he went running into the mob, shoving people backwards.

The man whose son had been locked in the trading post ran in there with him. And a number of his friends in turn followed him into the mob. They rescued the Agent.

The one called Little Boy—the very one who had performed the ceremony of Talking A Person Into The Grave on the night before—was among those who were carrying the Agent back. He was holding up the Agent's head. He took part in the rescue of the Agent. He was my uncle.

They really gave the Agent a beating. His face was all bruised up, and he was covered with blood. They probably almost killed him. If one of the mob had beat him with a club they would no doubt have killed him. They took him back into the trading post, and the door was immediately closed. Then they piled flour and other things of that type against the door. Those from whom the Agent had been rescued ran around the corner of the trading post yelling wildly.

As they brought the Agent back inside, one of the Navajo policemen went dashing out. He ran over to the other side of the hill where the horses were hobbled, carrying a bridle. This man was the brother-in-law of Chee.

Someone said, "There goes one of the policemen!"

He was far away, about to disappear over the crest of the hill, before they spied him.

Then it started to rain, just a little bit, and we went to stand alongside the trading post again.

They set off on horseback after the policeman. There were about three who pursued him, as I recall. They were some whose horses happened to be standing right there, no doubt. But the policeman got to his horse, and got off to a head start. They began chasing him up toward Lukachukai. They gave up the chase a long way up at a place called A Cone Shaped Rock On The Canyon's Edge. He ran so fast that there was no chance for them to catch him. They merely turned back.

As this was going on we still stood alongside the trading post. Presently I noticed a policeman walking there by the building. He was called Singed Man, from Fort Defiance. He was carrying a pistol at his hip, and he had his hands in his pockets as he walked along in the shower. At the same time, Old Bead Chant Singer from beyond the mountain was going about talking. I don't remember what he was saying. Then the policeman said, "The Coyote People did something remarkable indeed!".

Old Bead Chant Singer heard this remark and jumped on the policeman. He grabbed him from behind. Then they grappled with each other, and before long the policeman threw him down on the ground. Old Bead Singer fell on the under side. Another man, who was called Bitter Water Clansman, and who was the cousin of the man who was thrown down, ran over there and grabbed the policeman by the leg. He tossed him aside, and the old man got back on top. With his cousin's help Old Bead Chant Singer quickly snatched up a rock. And as the policeman fell over backward—just as his hat fell off—he struck

him on the forehead with the rock. The blow fell just at the hairline. As we watched we could suddenly see blood spurt up. He was probably stunned, for his arms fell limply at his side. Then these two men walked away. After a while the policeman got up and, holding a handkerchief to his head, walked away cursing. He went back inside and stayed there.

The policeman who had escaped on the horse made his way to the place called Water Flows Into The Rock (Tsaile) where, at that time, there was a trading post. In those days a white man by the name of Gray Man (Archibald Sweetland) was the trader there. At the time some white soldiers from Fort Wingate were nearby hunting bear. They had had their camp at the place called Meadows Come Together, and had just returned when the man on horseback arrived. There was one Navajo in the army at that time, a man called Son of Rubbish Man. He was a Navajo from the place called Mountains Set on Top of Each Other (Hosta Butte). And at the time of this happening he was among those who were hunting bear. The man who had arrived on horseback told about what had taken place at Blue Clay Point, and then rode on in to Fort Defiance.

He was a relative by marriage to Chee Dodge—he was his uncle by marriage. He was living with a woman called Big Woman, who was Chee's aunt. He was the one, and he was a Red Streak Into Water Clansman. He was also a relative by marriage of a man from Red Lake, a Tsinaajinii clansman known as Hoop and Pole Game Player. This man who rode in with the news was a policeman at that time. It was he. He was the one who escaped on a horse. He was recently run over by a race horse at a rodeo at St. Michaels. It was he who carried the news at that time. That's what took place with regard to that angle of the story. This matter of beating up the policeman, about which I told, happened after he was gone, so the one who carried the news didn't see it.

After these things took place all the plans were cancelled. Some of the children who had been gathered for school probably went back home afoot—I am referring to those from Chinle. At least that's what I heard. We who lived in the area hereabout stayed. We lived here anyway. That's what took place. That's what Black Horse and his band did. Back at the time when the Agent was thrown out and rescued by Navajos, Chee Dodge and several other men, including Weela and Bead Clan Gambler, were chosen to stay in the trading post. Back in the room where they were they piled flour sacks in a circle like a hogan. The Agent was there behind the barricade, and Chee Dodge too, it is said. When they tell about the matter nowdays, people say that Chee defecated all around in the flour. But it was really the Agent who had been thrown out who did that. That's what I've heard.

They made a hole in the roof. Then they made a ladder and put it up there. They kept watch at night from up there. This is the story told by those who were sentinels. Some were stationed up there at the top. They kept watch at night because they said Black Horse or his men might set fire to the building with them in it. This part is just hearsay as far as I'm concerned. That's what happened that night.

Those of the opposing camp were on the other side of the wash, at a considerable distance, over where our home was. It was a big hogan, and was the home of Old Interpreter, who was a Red Streak Into Water Clansman, and was my step-grandfather since he was married to my grandmother. He was a young man at that time. Those who were the trouble makers moved into this hogan.

One of them, an old man known as Yellow Fermentive Chewer left the mob that night and went to spread the word to the people beyond the mountain. That night the people in I don't know how big an area got the story by grapevine. And they set out with guns and bows and arrows. I don't know how many there were from there. I don't recall just who those people were who came as reinforcements from beyond the mountain. But these are things that I heard. They all passed the night over at that big hogan, and we went to spend the night at our own home.

So at Fort Defiance they heard the news that had been brought to them, and the Chief of the soldiers at Water Flows Into The Rock (Tsaile) was told about it. In the morning they set out from Water Flows Into The Rock. It is said that they began moving at about dawn We spent the night at home.

My grandfather and my uncle said, "I wonder what's happening now? Let's go and take it in again."

When they went back there I went along. Some more people joined us and we went down there on foot. It wasn't far. As we walked along, the soldiers were moving over there opposite us, down through a flat.[5]

"Look, what's going on over there boys?" someone said. About that time we got to where Black Horse's band was staying. They were running in and out of the hogan, taking a look.

"Let's go! Let's go! Let's get them before they get to the store. Before they get to the store! Before they get to the store!" said Black Horse excitedly.

Over to one side of Black Horse the people were merely milling around. All of them had their horses standing there nearby. Many more joined him, and among these were some women. These women too had spent the night there with them. They had stayed to cook for the men. One of these women had come from over beyond the mountain. I don't know exactly where she came from.

When this happened Black Horse's henchmen spoke without effect because there were others who were trying to keep order, and who said "No" to the proposal to attack the soldiers.

I was one of those who came back (on the next day) to where the people were. And I

---

5 As in English, Navajo often refers to direction as "up" or "down," or more literally "upstream" and "downstream," since it is determined by the direction in which water flows or would flow. Thus, the northwestern end of the Navajo Agency building at Window Rock is the upper end (deigo), while the opposite extreme is the lower end (yaago).

29

found that the people from beyond the mountain—those among whom the news had been spread, and who were sent for—had arrived. They had guns and bows and arrows. These were many people. There were also many of us who had joined in just as spectators.

A man of the Salty Water Clan whose name was Slender Lava had his family there, and his wife cooked all night for the men who were making the trouble. In the morning the women again prepared food for them. Then the people noticed that the soldiers were moving along over there.

"All right now! All right! We'll take them right over there in the flat. All right now! Before they move in! Before they move in! Let's get them!" said Black Horse dashing about but without effect.

But his boys were really impatient. They were rubbing their guns. Then the one to whom I referred as Slender Lava said, "No!" He spoke thus because he knew they lacked the wherewithal to win the fight. A man of the Water's Edge Clan, called Sucker, also said, "No!" And of the men from hereabout with whom I came and who I mentioned before, my uncle joined in saying, "No."

"Wait. Speak no more like that, my Elders, my friends," people said, opposing them.

Then the person whom I said was known as Sucker was sent to the Trading Post. The soldiers moved in to the trading post. They had pack mules, and there was a line of these animals far into the distance. I don't remember what the number of the soldiers who arrived was said to be. I can't recollect. But when they had moved in to the post, Sucker was sent over there. Presently he came back from there on horseback.

"They say to wait, boys. They say to wait," he said.

Then Black Horse's boys really became impatient.

They sent Sucker back over there again.

"Go over there now and tell them, 'No'. Tell them not to give us that kind of talk. Tell them it's going to be now. We'll tear the building to

pieces. What can they do? Go tell them that's our answer," said Black Horse.

Sucker galloped over there and told them that, and then he returned at a gallop.

"They tell you to wait. The one who says that is the leader of those soldiers who arrived, and he is a War Chief (Officer). It is not the man you threw out yesterday who is saying that," he said as he ran back again on horseback.

Then the men over on this side said, "It's a fact. You never know. You don't know what they have in mind in saying this—they might have a better idea for settling it. So don't say anything," said those on this side who were acting as go-betweens.

Finally many of us started over there, some on foot and some on horseback We got to the trading post. The soldiers were there on the inside. There were many pack mules, more than twenty I guess. They had all been inside the wool storage shack, with their packs still on. Across from the wool storage shack a gun had been placed to cover its approaches. So in case Black Horse carried out his threat, the soldiers were ready.

Sucker rode over there to where Black Horse and his band were.

"The War Chief (Army Officer) says, 'Now you can come over, but come slowly, slowly,'" said Sucker.

That's what he reported to them. Then across and opposite us on the other side of the place called Blue Clay Point horses were seen to be going, and many people too. There were more than twenty. They could be seen going up there over the crest of the hill. People watched and wondered if they had just decided to go back home. But they moved on over the hill and then turned and started coming in this direction along its base. Over here on this side the soldiers were all prepared, and were inside the trading post. The entrance way was large, and on both sides of it soldiers were stationed. Over there on Black Horse's side the people were impatient to shoot. They were really stroking their weapons. They were rubbing their guns, it is said. They were really fool-hardy—at least that's what the spectators were saying.

The white man called The Bat used to say that he was on the soldier's side.

"I too had my gun ready like this," he used to say.

People would laugh at him when he told about this. He was a trader.

"If they appear over the hill—if they're serious in their threat—if they come close, I'll go out there in the open to meet them," said the War Chief (Officer). "If they are serious about it, and if one of them aims at me with one of those guns you see them holding up out there, all of you fire a volley at him," said the Officer. That was the plan on the inside.

Then they appeared, coming over the hilltop. They were coming toward us. At this point Sucker rode back and forth telling them to take it easy. That was the one called Sucker. Later, when his voice gave out, he merely gestured about.

We were standing by the trading post. There were many of us. We were standing close to a recess in the wall of the building where we could run for protection. When they had drawn near, Chee Dodge brought out a chair. He put it down beside the building, and then went back inside. We were all looking over toward where the horses were approaching. They were holding many guns up, and they were also holding arrows. There were none without weapons. There were many coming, and they were spread out quite wide.

Then the white man came out. It was the War Chief. He was from Fort Wingate, and was dressed in a black coat. He took it off and draped it over the chair that had been placed there. Then he unbuttoned his cuffs. He rolled up his sleeves like a person who is going to start washing himself. When he came out he came with his arms up and his hands behind his head. Then Chee Dodge came back out.

"He says to come closer," said Chee to the horsemen.

They drew closer.

"Come closer," he again said.

The horsemen drew closer.

"Now that's close enough, he says to you, my friends. That's enough, Black Horse. Lay your gun on the ground and go up to him, the officer says, said Chee, referring to Black Horse as some kind of relative like "older brother."

Several of them then got quickly down from their horses. They came up one after another. The officer still stood with his hands raised. Black Horse walked up and shook hands with him. I don't remember what he said at that time. What the officer said was interpreted. I still remember some of that.

"He says to you, 'All right, that's fine'," said Chee to Black Horse, interpreting.

"That's enough, enough," the officer said to Black Horse.

Then those who followed him came up one by one and shook hands with the officer.

"It's enough," said Black Horse and the officer to each other, as they embraced and patted each other on the shoulder.

That's all I remember.

At that point peace was restored, I guess.

Those who were behind Black Horse all shook hands with the officer. They did this after laying their weapons on the ground. They came up and did it empty-handed. That's how peace was restored. And there was the sound of people expressing their thankfulness.

"That's enough my boys. Now food will be passed out for you. You can go back home braced by a meal," they were told.

With Chee Dodge interpreting, that's how we heard it. So peace was then restored.

I didn't realize the seriousness of it at that time. At that time I was just a "young punk," that's probably the reason. I was just there with the crowd for fun. I had fun with it, just like at something that is carried on for fun.

The Trouble At Round Rock

by Howard Gorman

Long ago the old men used to tell about various things. They would tell the young men about different things by way of instruction. They would spend two or three days going about to different homes (telling stories). They would say, "This is the way we used to live; the way we used to go about, the way we used to gain our livelihood," instructing the youths. And on the women's side, they in turn talked to young ladies.

In this connection my grandmother would get me up very early in the morning to make a long run, telling me that I would that way become a strong, husky man.

Once when I was herding sheep I came back to the hogan to find my grandfather, one called Man Who Lassoes, sitting there. He used to spend most of his time in the area around Adobe Sticks Up. The old man called Man Who Lassoes was quite a character.

He was still there when I returned. So a sheep was immediately caught for him and butchered. Then the fattest ribs were put in the fire (to roast) for him. But for me—only the entrails were roasted for me! So I made a fuss about that, and started to make trouble.

I made a fuss, saying, "How come he gets the choice meat when he does none of the herding? I'm the one who should have the ribs to eat. He's the one who ought to be eating the entrails."

Then I sulked around and didn't eat at all. And after he had really eaten his fill he went off to one side and lay down on his back.

After sundown, when it became really dark, I went back inside to the place where I would sleep. But my grandmother got me back up.

"Sit here, my son. Your grandfather is going to tell us about something. Listen to him carefully," she told me.

"Not too awfully long ago, over there at Red Rock, the Agent was thrown out. And a man by the name of Black Horse caused the trouble. This same man used to go by the name of Butcher Squeezed Together In The Middle," said my grandfather as he began his story. He told it as though it were something that had just occured. Here's how his story went:

"I was resting in the shade at Lizard Spring when a horseman came up. He said, "Do you know what? Over there at Red Rock they've tossed out the Agent. The man called Black Horse, or Butcher Squeezed Together In The Middle, is causing the trouble. That's what he announced to me," said my grandfather.

"My horse was grazing nearby, so I caught and saddled him. Then I put my double barreled gun into its saddle scabbard, and strapped on my pistol. I also tied on the rear a package containing an ample supply of ammunition. Then I went down into the Flat Rock Valley.

"I met up with a number of husky men, and asked them if any would like to go with me. I told them that a man known as Black Horse was causing trouble over there, but they all refused. I kept on going nevertheless. Suddenly I came upon a man of the Red Streak Into Water Clan called Little Policeman. He was a strong, husky young fellow (he is now an old man)," said my grandfather.

"I hear that the man called Black Horse is causing trouble. Maybe you'd like to join up with me and go over there. I hear they've tossed out the Agent. It's because I got word of it that I'm going, I told him," said my grandfather "Why not? Sure, I'll join you. We'll go," he said as he strapped on his gun. Then we started out together.

"We went down into the Canyon De Chelley and came up out of there at a place called Sparse Group Of Pines Extends Up Out. From there we went through Lukachukai and up onto the mountain. Then we went onward to the rim of the mountain, to where the trail descended into Cove. At that time it was only a horse trail. There, at that time, there was a fence of boughs with a pole gate, through which passed a trail," said grandfather.

"Little Policeman dismounted to open the gate. There was danger lurking on every side. It was potentially a perilous area. Just as he got down from his horse and took hold of a pole to remove it, a cottontail jumped up right at his feet. Little Policeman was so taken aback that he nearly fell over right there.

"We resumed our journey and came to a high point that overlooked the surrounding country, and out there in front of us there were people engaged in training maneuvers. They were Navajos. They would come dashing out lying close beside their horses in such a way that there appeared to be no riders. And their maneuvers took many other forms. On the high points they had lookouts stationed, but somehow we passed through without being sighted.

"We went on until we came to Black Horse's hogan. There was quite a gathering there. When we arrived we heard Black Horse talking inside a large hogan, telling how they would do and how they would win.

"Then he was informed of our coming. 'Who the devil comes without saying a word? Tell them to come in,' he said. So we went in.

"You who are called Black Horse—you who go by the name of Butcher Squeezed Together In The Middle— you think you're famous, the way people tell about you. Come on and see if you can swallow me head first, I said to him," said my grandfather.

" 'Oh, oh you've got me,' said Black Horse."

"And then all the people who were gathered there, and to whom he had been talking, roared out at him, saying, "We knew that's what you would say. We knew it all the time. You went ahead, even though you're a coward. When even a fellow Navajo spoke to you, you said, 'You've got me!' "

"And then I really told Black Horse off, but good," said my grandfather.

"This trouble that you're making is uncalled for. Over toward Tuba City a fellow known as Pollen caused trouble and got nothing for it. Over by Aneth a man called He Who Has Supernatural Power caused trouble. And over toward Beautiful Mountain a man by the name of Bizhoshi made a commotion. None of them gained a thing. They merely brought hardship upon themselves. So don't sulk, my baby. It's uncalled for, and it is bad behavior. You will gain nothing by it," my grandfather said to me.

He told me this story and gave me instruction on top of it. I now remember this well

The Trouble At Round Rock

by The Nephew of Former Big Man

In the Fort Sumner Treaty we were told to place our children in school. So when we got back policemen were sent from Fort Defiance down toward Round Rock to carry out this provision. To get all of the children they went from hogan to hogan.

The leader of one of the parties was a man named Charlie. Others in this party were one called Bobbed Hair, one by the name of Bead Clan Gambler, another called Slender Silver Maker, and the one who was known as The Interpreter (Chee Dodge), as well as several others.

For a long time the men and womenfolk had held back their children. So on the dates set for bringing the children to Round Rock, very few were brought in. When the children were taken there a man by the name of Black Horse said, "No," and stood against the children being taken away to school. There was one man by the name of Limper, who may still be hunched with old age (still alive). There was one called Slow One, and there were Canyon De Chelly Man, Tall Bitter Water Clansman, Ugly Knife, Sucker, Weela, and Gray Haired Man. All of these said, "No," and stood against the proposal. And then many young men joined with them. All of these men are now perhaps dead.

Here at this meeting to get children together for school the man known as Black Horse stubbornly balked on it. "What the devil, you can jerk our children away from us if you want to. If you want trouble over this matter go to it," he shouted. Several others who were of like mind were behind him. In fact, they had probably conspired with him.

The one called Little Chief (Shipley) came also. He was the Agent. But when a hot argu-ment got under way in the meeting, the Navajos threw the Agent out. Then things really happened. The man called Bead Clan Gambler got the Agent back from those who had laid hands on him. This Bead Clan Gambler was a husky man. As the mob made away with the Agent he dashed in among them and grabbed the Agent up under one arm (like a football). When the mobsters would have jumped him he straight-armed them and bowled them over backward, and running hard he beat them to a flour storage room. When he had gotten the Agent in there he piled things against the door from within, and the mob was frustrated. The Interpreter (Chee Dodge) also took refuge in the flour storage room. It was said that they stayed inside for several days without going outside. And while they were in there they dirtied the flour.

The news of this trouble spread all about, even up into the Monument Valley. Everyone said, "They're not going to take our children away, that's all there is to it." People were ready to fight. Some said that no soldiers had come to the scene of the trouble. Some said that bear hunters had been brought to the rescue, but the truth is that it wasn't these. That was just a tale. Soldiers came from Fort Defiance. They were sent for from there, and those who came moved up on top of Row of Willows (near Wheatfields). At that time there was a beautiful meadow there. There was not a single wash at that time. There they were encamped. When they moved again they went to the burned trading post at Black Rock Spring (near Tsailee). After camping there for two days they moved on. They moved down to Blue Clay Point (near Round Rock).

This was not the only time a school party

went out. They went out many times. Summer and winter they would go about telling the people to place their children in school.

When the soldiers who were sent for arrived to fight, my older sister, who was the wife of Weela, acted as a peacemaker. Here she acted as go-between to restore the peace. One man took credit for restoring peace. He was a man called White Man. I heard him saying that he was the one who restored the peace. I told him, "You are a liar. You just made that story up. It was my sister who restored the peace. I know it. I am sure of it." So that is how Black Horse made trouble by holding back the children.

Now school is a wonderful thing. They had no reason for keeping us out of school, I'm convinced of that. School is not a thing of no value. It is something to be longed for and sought after. Had I gone to school I wonder how I would be today. By school we mean an endless learning. It's a means for accomplishment without end.

People who have children, and who put them in school, are right in so doing. I think they are indeed lucky children. I was one of those who spoke in favor of schools in days gone by. Not long ago a paper was brought up before us in a meeting. They said, "Here's a list of the men who asked for education, and here's one of the men. These men knew the advantages of schooling." They said this, mentioning my part in it. When they mentioned me in this connection I almost wept. I was right when I took that stand. Had I gone to school I often wonder how good a leader I might have become.

Long ago our forbears went after one another with weapons over this question of schooling. On account of differences over education they threw out an Agent. It nearly brought tragedy. When people were about to come to blows my sister restored the peace. These things happened just about the time when my mind had become mature enough to reason and remember, so I know whereof I speak. And to many things which occured I was a witness, while in others I took an active part. So the people nearly came to blows over schools. But now education is, without doubt, the right thing. So go on children. Go to school. Study hard. In the future you will profit by it.

—Photograph by U. S. Signal Corps.

General William T. Sherman

This picture was taken at Fort Sumner sometime during the late 1860's. It is said to be a group of Navajo warriors. Notice the striped blankets and the bows.

Tsiłkéí 'aha'ályaago bikáá' kwii ńléí Hwééldi hoolyéedi. Beeldléí danoodǫǫzii t'éiyá 'aghá bee ndajikai ńt'éé' lá 'íídą́ą́.

The Indian Commissary at Fort Sumner during the 1860's.

Díí kwii kin dah naaztánígíí naalyéhé bii' hadadeezbin ńt'éé' jiní ńléí Hwééldi hoolyéedi.

—Photograph by U. S. Signal Corps.

This is the Indian Issue House at Fort Sumner during the time the Navajos were held there in the 1860's. Here the Navajos came for issues of supplies.

Díí kin dah sitánígíí biyi'dóó t'áadoo le'é hataa ńdaajih ńt'éé' jiní ńléí Hwééldi hoolyéedi.

—Photograph by U. S. Signal Corps.

Navajos at Fort Sumner, photographed during the 1860's.

'Ałk'idą́ą́' hastói dóó sáanii yę́ę da ńléí Hwééldi hoolyéedi 'aha'áho'diilyaago kwii ła' jíl'á.

—Photograph by U. S. Signal Corps.

A group of Navajos photographed at Fort Sumner during the 1860's.

Hwééldi hoolyéedi nda'iiznáago kwii jíl'á.

—Photograph by U. S. Signal Corps.

The office of the Provost Marshal at Fort Sumner at the time when the Navajos were held there.

Kóne' siláago binant'a'í binaaltsoos 'ál'įį ńt'éé' jiní ńléí Hwééldi hoolyéedi.

—Photograph by U. S. Signal Corps.

This is the camp of the soldiers of Company B, 1st. New Mexico Infantry at Fort Sumner in the 1860's.

Hwééldi hoolyéedi siláago łahgo dah yikah kwịi naaltsoos yik'i naazį́.

—Photograph by U. S. Signal Corps.

Fort Sumner in the 1860's

Hwééldi hoolyéedi kiniit'aagóó ndadzizį' 'ałk'idą́ą' hastói yę́ę.

—Photograph by U. S. Signal Corps.

Fort Defiance, Arizona, in 1884

1884 yę́ędą́ą́ Tséhootsooígi kót'éego kin sinil ńt'éé' lá.

—Photograph by U. S. Signal Corps.

A troop of cavalry encamped about three miles west of Fort Wingate, New Mexico. Taken between 1885 and 1903.

Shash Biʼtoo hoolyéegi 'ólta'ídóó 'e'e'aahjígo Lók'ai'jígai nááhoolyéhédę́ę́' ch'inílínígi siláago dah yinéełgo náábíkáá'

An encampment of soldiers on Whiskey Creek, northwest of Crystal, New Mexico.

Sǫ' Silá biyaagi Tó Diłhił wolyéego tó ch'inílíní bibąąhgi siláago dah yinéełgo bikáá' kwii.

The old trading post at Tsailee mentioned in the story of the fight with Black Horse at Round Rock store.

Tséého̜ílį̜ hoolyéegi naalyéhé bá hooghan ń't'éé' jiní díí 'ałk'i-dą́ą́'. Bilį̜į̜' Łizhinii baa hane'ígíí kwii t'áá 'áłts'íísígo baa ch'íhoot'ą̜.

An old Navajo woman, photographed in the Chaco Canyon in 1897. Notice the blanket design.

Díí 'asdzáán 'éiyá 1897 yéédą́ą́' naaltsoos bik'i nibi'deeltį jiní Tsé Bíyah 'Anii'áhí hoolyéedi.

An old Navajo hogan photographed in 1904 near Chinle, Arizona.

Ch'inílį náhós'a'gi díí t'áá 'ałk'idą́ą́' hooghan yę́ę be'elyaa lá 1904 yę́ędą́ą́'.

This picture of a Navajo family was taken in 1904 at a place about 2 miles west of Ganado, Arizona. Notice the old style clothing worn by the man.

Lók'aah Nteelgi bik'i nii'nil jiní díí kwii ła' hooghanígíí 1904 yę́ędą́ą́'. 'Eigi shį́į́ 'át'éego hadazhdít'éé n̓t'éé' 'íídą́ą́'.

A Navajo woman is here shown making vegetable dye. Taken in the Chaco Canyon in 1904.

Ch'il bee da'iiltsxóhígíí hasht'ejiléehgo bikáá' kwii. 'Ałdó' Tsé Bíyah 'Anii'áhí hoolyéedi 'áłyaa jiní 1904 yę́ędą́ą́'.

A picture of Keams Canyon, Arizona, taken sometime between 1885 and 1903.

Lók'a'deeshjin hoolyéedi ch'óóshdą́ą́dą́ą́' kót'éego kin sinil ńt'éé' jiní. Díí kwii biká'ígíí 1885 dóó 1903 bita'gi haa'í nahalzhiish shį́į́ naaltsoos bikáá' nii'nil.

This is said to be a picture of some Navajo dancers taken in 1899 at the Chaco Canyon, New Mexico.

Díí 'ałdó' t'áá diné 'ádaat'į ha'níigo naaltsoos bik'i nibi'dee'nil lá 1889 yę́ędą́ą́' Tsé Bíyah 'Anii'áhí hoolyéedi.

This is a picture of a Navajo man by the name of Charlie the Second. Taken in 1899 at The Chaco Canyon in New Mexico.

Charlie the Second joolyéé ńt'éé' jiní díí hastiin kwii naaltsoos bik'i dzizdáhígíí. 1889 yéędą́ą́' Tsé Bíyah 'Anii'áhí hoolyéedi naaltsoos bikáá' hwe'elyaa lá.

This picture of a young Navajo man was taken in The Chaco Canyon, probably about 1899.

1899 yéędą́ą́' be'elyaa lá Tsé Bíyah 'Anii'áhí hoolyéedi díí diné kwii sizínígíí.

46

TSÉNIKÁNÍ HOOLYÉEGI HÓÓCHĮ' YÉĘ BAA HANE'

NAAKAII DINE'É NITŁ'AAÍGÍÍ

T'áá 'Ákwii Hane'ii
T'óó Ch'ét'ánígo Halne'ii 'Éí

HOWARD GORMAN

dóó

HASTIINTSOH NI' BIDA'

'Aláąjį' Dah Shijaa'ii
Haidiilaii 'Éí

ROBERT W. YOUNG

WILLIAM MORGAN

'Ałąąjį' Saad Si'áanii

'Ałk'idą́ą́' 'ádahóót'įįdii hastóí yaa dahalne'ígíí 'átłtsé ła' naaltsoos bee niit'ą́. Díí 'éiyá naaki goné nilįįgo naaltsoos hane' bee niit'áanii 'át'é. Bilagáana Naat'áanii Yázhí dabijiníigo Tséhootsooígi Diné yá sidáá ńt'ée'ii diné náánáła' hastiin nilįįgo, Bilį́į́ Łizhinii dabijiníí ńt'éé' yił 'á'ahool'įįdgi yaa halne' díí naaltsoos. 'Ałk'idą́ą́' díí hastiin Bilį́į́ Łizhinii wolyéii Bilagáana ła' Naabeehó Yinant'a'í nilįįgo tsíłkéí yaa tiih yiyíí'eezhgo ch'ídayiisxan ha'níigo baa hane'ígíí binahjį' nahalingo 'íídą́ą́' díí nihikéyah bikáá' 'ádahoot'éhę́ę́ baa nááháne' nilį́. Jó 'éí k'ad 'ashdladiin dóó t'ah níwohdi nááhaiídą́ą́' 'ádahóót'įįdii baa hane'.

Tseebííts'áadah dóó bi'ąą náhást'édiin dóó bi'ąą naakiigi yihahą́ą́ biyi' dóó wóshdę́ę́ naaki nínáánááhai biyi' 'ádahóót'įįdii 'íiyisíí bee naaltsoos hadilyaa... jó 'éí diné Bilagáana ch'ídayiisxan ha'nínígíí ts'ídá 'ákóne' 'áhóót'įįd... ndi t'ah níwohdę́ę́ 'ádahóót'įįdii ła' bíinilgo, 'éí bee 'ééhózin biniiyé.

Bilagáana ła' Richard Van Valkenburg wolyéego naaltsoos ła' hane' yee niiní'ą́. "Naabeehó Dine'é Baa Hane'" níigo yee yiyíízhi'. 'Éí díí naaltsoosígíí ńléí tseebííts'áadah dóó bi'ąą naakiigi (1892) naahaahą́ą́ t'ah bilááhdę́ę́ 'ádahóót'įįdii yikáá' 'áyiilaa lá. 'Ako 'éí bits'ą́ą́dóó hane'ígíí kwii ła' bikáá' nii'nil. 'Áádóó wóshdę́ę́ náádahane' danilíinii 'éí Tséhootsooígi naaltsoos siyį́į́ ńt'éé' 'éí bits'ą́ą́dóó. 'Éí tseebííts'áadah dóó bi'ąą náhást'édiin dóó bi'ąą dį́'íjį' hane'ígíí.

Díí naaltsoosígíí naaki 'ahii' sinil nahalingo 'át'é. 'Índa Bilagáana bizaadígíí t'áá béédahózíníígíí t'éiyá bee hadilyaa. Part 1 wolyéego 'ałą́ąjį' si'ánígíí biyi' 'éí ńléí Bilagáana Naabeehó yinant'a'í danilįįgo ńdahidinoobįįłii ńléí danízaadgóó, ha'a'aahgóó da, naaltsoos 'ádeił'į́į́ ńt'ée'ii ła' bikáá' nii'nil. 'Áko 'éí t'áá bíyó ndanitł'a nahalin. Háálá 'íídą́ą́' saadígíí ts'ídá nizhónígo nahaa'nilgo t'éiyá bee naaltsoos 'ałch'į' 'ádaal'į́į́ ńt'éé' 'íídą́ą́'. 'Éí naaltsoos Part 1 wolyéego 'ałą́ąjį' si'ánígíí biyi' 'ákót'é.

Náá'ákóne' 'éí naakiígíí bee bik'e'eshchį́įgo náánást'ą́, 'éí Part 2 deiłní. 'Éí t'éiyá dinék'ehjí hane'ígíí Bilagáana bizaadjį' bee béé'élyaa. 'Áko t'áá 'ałch'ishjí ts'ídá t'áadoo łahgo 'álnééh nahaliní 'áą́łyiłníinii ts'ídá baa 'áháyą́ągo bikáá' nii'nil. 'Índa Bilagáanají daasaadígíí ndi t'áá béédahózíníígíí bee hadilyaa. 'Áko 'éí binahjį' Naabeehó ba'ałchíní Bilagáana bizaad yídahooł'aah dooleeł biniiyé.

Díí k'ad Naabeehójí saadígíí dóó Bilagáanají saadígíí t'áá 'ahąąh yi'niłgo dah naazhjaa'go 'ályaa. 'Áko ńléí ha'át'éego da saad łahgo dah shijaa' Bilagáanají 'áníinii t'áadoo bik'izh'diitą́ą dago dinék'ehjí saad bikáá' yisdzohígíí háká 'adoolwołgo bee bik'idizh'dootį́íł, 'áko 'ákót'éego t'áá 'éí bee Bilagáana bizaad bídahoo'aah dooleeł biniiyé.

Robert W. Young

TSÉ NIKÁNÍ HÓÓCHĮ' YĘĘ BAA HANE'

'Ałk'idą́ą́' 1868 wolyéego yihahą́ą́ biyi' ńléí háadi shį́į́ Hwééldi hoolyéedi Naabeehó dine'é Wááshindoon yił 'ahada'deest'ą́ ha'níigo baa hane'. K'ad kodóó ha'át'íhii da biniinaa 'ałzéé' naat'á danilíinii t'áá gééd kéédahwiit'į́į dooleeł daha'níigo bee 'ádee hadazhdeesdzíí' naaltsoos bikáá' nii'nil. Díí naaltsoos 'íídą́ą́' hadilyaa yę́ę 'éí díí jį́ nihahastóí naaltsoos sání deiłníigo dayózhi. Díí naaltsoos sání ha'nínígíí bikáa'gi saad hastą́ą́ góne' dah shijaa'ígíí kóníigo bik'i sinil: "Díí k'ad kwii bikágí yishtłizhii nilį́įgo bił 'aha'deet'aahígíí, náás hodeeshzhiizhgóó yá'át'éehgo yee náás da'iłdeeł dooleeł biniiyé 'ólta' wolyéii ts'ídá bá yá'át'ééh, kéyah yee dahináa dooleełgóó ńdadeeskaii 'áłchíní hastą́ą́ dóó dego hastą́'áadahjį' nihool'áago béédááhaii t'áá 'ałtso 'ashiiké, 'inda 'at'ééké da 'ólta' yídeinił dooleeł, kót'éego yee 'ádee hadadeesdzíí', 'inda Bilagáana t'áá háiida diné binant'a'í 'áho'diilyaa shį́į́ díí 'ólta'jį' 'áłchíní 'adaha'nííł diné yee 'ádee hadadeesdzí'ígíí yida'ósingo 'ájósin dooleeł, 'inda 'áłchíní 'ólta'jį' 'adaha'níłígíí t'áá tádiin shónáot'eeh bik'eh Bilágáana bá da'ólta' dooleełii ła' bá nishóhoot'eeh dooleeł dóó kin bii' 'ólta' dooleełii dó' t'áá bił k'ee'ąą yi'nił dooleeł, 'éí kót'éego Wááshindoon yee 'ádee hadoodzíí', 'inda bá 'ólta'í danilíinii t'áá ńléí diné bitahdi dabighango Bilágáana k'ehjí bídahoo'aah dooleeł, 'inda 'áadi t'óó 'astį́į dooleełígíí dó' dooda," ní saad hastą́ą́ góne' dah shijaa'ígíí.

'Áko ndi t'áá Wááshindoon haz'ą́ądi haashį́į́ néelą́ą́'jį' dahwiinít'į́įgo, 'inda t'áá kodi Naabeehó dine'é ndi díí Hwééldi hoolyéégóó ndabidi'neeskaadígíí t'áá yik'ee kandaakai nahalingo 'ólta' yę́ę t'áadoo baa hwiinít'íní táá'ts'áadah nááhai. Kin bii' da'ólta' dooleełii doo 'ádaalne'góó biniinaa díí naaltsoos 'áníinii t'áá hahí bik'ehgo ch'íhoouuyáłę́ę doo yá'áshxǫ́ǫ da.

'Áádóó 'íídą́ą́' 'ałdó' Naabeehó dine'é 'ólta' ch'inídaásh t'áadoo biniiyéhé da daaníigo doo deinízingóó hodeeshzhiizh. Ba'áłchíní yaa danichį' 'ólta'jį' niniłtį́įgo doo shaa nídoodááł da sha'shin daaníigo. 'Áádóó 'ániid Hwééldi hoolyéédę́ę' nináda'iis'náago díí kojí bee da'iiná danilíinii tsxį́įłgo yá'áł'éehgo háádoot'ihígíí 'éí t'éiyá 'aghá yidadiilkaal diné.

Hwééldidę́ę́ nináda'iis'náá dóó náhást'éíts'áadah nááááh góne' díí 'áłchíní 'ólta' yaa daneesánígíí 'ólta' bínídzodgo t'áá 'ałtso dooleeł ha'níigo bee haz'áanii ła' biniiyé hadilyaa. 'Áłtse 'éiyá tséhootsooí hoolyéegi 'ólta' 'áhoolyaa. 'Éí 1881 wolyéego yihahą́ą́ biyi' 'ólta' 'áhoolyaa. 'Áko ndi 'áłchíní ch'ééh bá bíká 'áhát'į́įgo hastą́ą́ daats'í nááhai. 'Áádóó lá 'inda díí beehaz'áanii ha'nínígíí 'ályaa ni. 'Éí 'ákódzaa dóó 'inda Bilágáana diné yinant'a'í nilínígíí t'áá bí diné yitahgóó 'áłchíní yíká nikidiiyá. Siláago da 'áłchíní yiniiyé diné yitahgóó nikidadiikai.

Bilagáana Dana L. Shipley wolyéé léi' diné yinant'a'í nilį́į dooleeł yiniiyé Tséhootsooígi náánádzá. Naat'áanii Yázhí yee dahóózhi' diné. Díí Bilagáana Naat'áanii Yázhí wolyé ha'nínígíí t'áá níyáá dóó t'áá hooshch'į' t'áá na'níle'dii nahalingo diné yideeshnish. T'áá bí diné yitahgóó 'áłchíní yíká nikidiiyá. 'Áłchíní 'ólta'jį' ndahohníił niigo dahooghangóó t'áá diné siláago danilíinii ła' téidi'eeshgo biniinaa diné ła' bik'ee bíní dei'a'.

Naat'áanii Yázhí níyáá dóó t'áálá'í daats'í nááhaigo Tséhootsooídóó diné siláago ła' dah yidii'eezh jiní 'áłchíní bíká. Tsééhílį́ hoolyéegi jíkaigo táago 'ałts'ájízná jiní. Ła' 'éí kojigo Dził Ná'oozíłii hoolyéejigo dah 'adiiná jiní. Ła' 'éí Ch'ínílį́įjigo dah 'adiiná jiní. Naat'áanii Yázhí joolyéhéé̜ 'éí t'áá dził niit'aa góyaa dah 'azhdii'eezh jiní. 'Éí ńléí Tsénikání hoolyéedi naalyéhé bá hooghandi 'azhní'eezh.

'Íídą́ą́' diné ła' Bilį́į́' Łizhinii wolyéego 'ałchíní 'ólta'jį̜' 'adaha'nítígíí yich'ą́ą́h ńdiidzá. 'Índa Bilagáana 'ádaanínígíí ts'ídá doo bił yá'át'éeh da. Tsénikání hoolyéedi 'ałchíní da'íídóołtahii 'áłah 'álnééh kót'éego shį́į́ yiyíinii'. 'Áádóó tsíłkéí 'áłah 'áyiilaago 'ákǫ́ǫ́ dah 'adii'eezh. 'Aadi 'ałchíní 'ólta'góó doo nihits'ą́ą́' 'adahidoot'ish da níigo yee niiltee'. T'áá 'ákót'éego diné 'áłah silį́į́'ii díí Bilagáana t'áadoo niha'ałchíní baa dahohnití yidíiniid. 'Índa Naat'áanii Yázhí wolyéhéé̜ dó' t'áá niha'ałchíní 'ólta'jį̜' ndahidoohnił ní. 'Aadóó baa saad hazlį́į́'go diné 'ałzéé' deideest'ą́. 'Ákwii Naat'áanii Yázhí yéé̜ diné bik'iijée'go k'asdą́ą́' dabiisxį́.

Díí naaltsoosígíí Tsénikání hoolyéedi Bilį́į́' Łizhinii wolyéii hóółchį̜idgo 'ádahóót'įid yéé̜ yaa halne'. Bináál 'ádahóót'į̜idii ła' t'ah ndaakai lá. 'Éí kwii dahalne'go naaltsoos bikáá' nii'nil. Lók'ai'jígaidóó diné ła' Naakaii Dine'é Nitł'aaígíí dabijiní 'éí ts'ídá shináál 'áhóót'į̜id níigo kwii yaa halne'. 'Íídą́ą́' shį́į́ t'ah 'ashiiké nilį́į́go bináál 'áhóót'į̜id. K'ad t'áá yéego haastih lá ndi t'áá kóníghání nahalingo yénálniih lá. 'Áádóó diné náánáła', 'éí t'óó jiní jiní ha'nínígi 'át'éego bił béédahózinii dó' dahalne'go kwii naaltsoos bikáá' 'ályaa.

T'ah doo ts'ídá lą'í náháhą́ą́dą́ą́' Tségháhoodzánígi kin ndaas'nil. Tségháhoodzání t'ah bítséedi 'ádahóót'į̜idii Tséhootsooígi naaltsoos bee siyį́į́ ńt'éé'. 'Éí Tségháhoodzánídi nináánágį́į́go k'ad 'áadi siyį́. Díí naaltsoos Tséhootsooídi kin bitł'ááh góyaa siyį́į́ ńt'éé' lá. Lą'í shį́į́ béédááhai 'ákóyaa. Tó shį́į́ bił yah 'anágohgo ła' ńdaastłéé' ńt'éé' lá. 'Áko 'éí bik'idaashchínéé̜ ła' doo béédahózin da daazlį́į́ lá. 'Áko ndi lą'í t'áá yá'ádaat'ééh. Bilagáana Naabeehó yinant'a'í danilį́į́go náhidinoobį̜iłii t'áadoo le'é kodi binda'aznish daniłíinii naaltsoos yaa dahalne'go Wááshindoongóó Indians Binant'a'í nilíinii yich'į̜' yił 'áda'ał'íinii 'éí ła' dabitah lá díí naaltsoos siyį́ ha'nínígíí. Łahgo Naat'áanii Yázhí wolyé

ha'nínéé̜ binaaltsoos 'atah siłtsooz. 'Éí Tsénikání hoolyéedi Bilį́į́' Łizhinii yił na'ahiisghan yéé̜ yaa halne'go bikáá'. 'Éí shį́į́ Wááshindoongóó Indians Binant'a'í nilíinii ła' yich'į̜' yił 'í'iilaa. 'Ako 'íídą́ą́' Bilagáana diné yinant'a'í nilį́į́ ńt'ée'ii bahane'ígíí dóó t'áá kojí t'áá diné yee nihił dahalne'ii bił 'ahǫ̜ǫh sinilgo ts'ídá t'áá 'ałkéłk'eh góne' dahalne'. 'Áko doo naaki nilį́į́ dago baa ntsáhákees.

Díí 'ádahóót'į̜idą́ą́' haa yit'éego diné kéédahat'į́í ńt'éé, kéyah bikáá' haa dahoot'éé ńt'éé, 'índa Bilagáana da 'íídą́ą́' haa yit'éego diné yich'į̜' ntsídaakees ńt'éé', jó díí t'áá 'ałtso bééhózingo 'índa shoo 'éiga' biniinaa Naat'áanii Yázhí wolyéhéé̜ Bilį́į́' Łizhinii yéé̜ yił 'ałch'į̜' ndik'ạ ńt'éé' lá, 'índa díí gá' biniinaa diné 'ólta' wolyéii doo daniidzin da daaníí ńt'éé' lá, jó hwiinidzin łeh. 'Éí doo baa dahane' dago 'éí ha'át'íí lá biniinaa ha'ałchíní baa dajíchį' ńt'éé' lá, jó kót'éе dooleeł. Binaadi nináádahazt'i'ii t'áadoo bééhózíní t'óó ńléí háadi shį́į́ tónteel bikáa'di Tarawa hoolyéedi Nááts'ózí bił da'ahijoogą́į́ jiní ha'níigo baa hane'go, t'óó ha'át'éego da shǫ' bił 'ałch'į̜' ntsídadzikeesgo bił 'áda'ahijil'į̜ 'ílį́į́ dooleeł. Díí k'ad kwii hane'ígíí ndi t'áá 'ákót'é. Binaadi ndahazt'i'ii doo baa hane'góógo.

Naakidéé̜' 'iiyisíí bee 'ééhózin nahalingo díí hane'ígíí naaltsoos bikáá' nii'nil. Jó díí Bilagáana Richard Van Valkenburg wolyéé ńt'éé' 'éí binaaltsoos lá. Díí naaltsoosígíí tádiin dóó bi'ąą tseebíígíí (1938) wolyéego náháhą́ą biyi' 'ályaa. "Naabeehó Dine'é Baa Hane'" kót'éego bee yééji. Jó 'éí łá'í da ndanideeh k'ad. 'Ałtso tadayoozhjaa'. Díí Van Valkenburg wolyéii binaaltsoosígíí Hwééldi hoolyéédé̜e̜ nináda'iis'náádóó wóshdéé̜ naadiin 'ashdla' nááhaijį̜ 'ádahóót'į̜idii yaa halne'ígíí t'óó ch'ídaast'ánígo kwii ła' naaltsoos bikáá' ndoo'nił. Jó 'íídą́ą́' Naat'áanii Yázhí wolyéhéé̜ Bilį́į́' Łizhinii yéé̜ yił 'ałch'į̜' naazhchxǫ'. 'Áádóó 'íídą́ą́' Wááshindoongóó naaltsoos 'ádaal'ínéé̜ dó' ła' t'ah ndanideeh. 'Éí dó' bee 'ééhózin. Díí naaltsoosígíí ła' Naat'áanii Yázhí wolyéhéé̜ 'ádayiilaa ńt'éé' lá. Ła' 'éí 1st. Lieut. E. H. Plummer wolyéé léi' 'ádayiilaa lá. Jó 'éí t'éiyá Naat'áanii Yázhí yéę t'áá yikéé' góne' náánádzáii 'óolyéé ńt'éé'.

"'Ałk'idą́ą́' yéę lá yáá bihoołt'éé ńt'éé'," daha'nii łeh hastóí, 'índa sáanii da. Bilagáanaji ndi t'áá 'ákódajiní. 'Ałk'idą́ą́' yéę 'éí t'éiyá daha'ní. 'Ałk'idą́ą́' 'éí t'áadoo 'át'éhégóó yá'át'éehyu diné bił dahózhǫǫgo kéédahat'įį łeh ńt'éé, k'ad 'éí ts'ídá t'áá 'ach'į' nahwii'ná t'éiyá bił 'ahaa yiikah, jó danízingo 'ádaaní t'áadoo bahat'aadí. Díí naaltsoos Wáashindoongóó bił 'áda'alyaa ńt'ée'ii kwii k'ad ła' bik'i nii'nil. 'Áko 'éí yaa dahalne'ii t'áá nihí nihił béédahodoozįįłgo binahji' t'áá nihí nabik'itsídaałkees dooleeł. T'áá daats'í 'aaníí t'áadoo 'át'éhégóó diné kéédahat'įį ńt'éé, ha'át'íhii da bee 'ach'į' 'anáhóót'i'í dooleełii t'áá gééd. T'áá shį́į́ 'aaníí diné ła' yá'át'éehgo dayíkááh ńt'éé 'íídą́ą́'. 'Áko ndi ła' t'áá 'áádéę' 'ach'į' nahwii'ná wolyéii yił 'ahaa yikah.

1850 DÓÓ WÓSHDÉ́Ę' 'ÁDAHÓÓT'ĮĮDII

Díí k'ad New Mexico ha'níigo Yootóóji náhásdzooígíí dóó Arizona wolyéego náhásdzooígíí t'ah nahdéę' Naakaii Bikéyah Méhigo wolyéhígíí, 'áájí 'atah ńt'éé' t'áá 'áłah. 1846 wolyéego yihah yéę biyi' Naakaii díí kéyah naaki sinilígíí bik'idínóolkał hodoo'niid. 'Áko 'ákwii Naakaii bił 'anaa' hazlį́į́'. James K. Polk wolyéé léi' 'íídą́ą́' Wáashindoondi Sitíinii ha'nínígíí nilį́igo 'ákódahóót'įįd. T'áadoo ts'ídá nízaadgóó da'ahijoogą́ą' da. Táá' daats'í ńdeezidgo Siláago Binant'a'í General Stephen W. Kearney wolyéé léi' Yootóogi kįįh 'íí'eezh. 'Ákwii níyáago díí Bilagáana, 'índa bikágí yishtłizhii da t'áá 'ałtso díí Arizona dóó New Mexico wolyéego náhásdzooígíí yii' kéédahat'íinii k'ad Wáashindoondéę' hoot'áłígíí yiyaa kéédahat'įį dooleeł. Méhigojí 'éí k'ad dooda díiniid.

Méhigo t'ahdoo kéyah biyaa haa'níłę́ędą́ą', t'ahdoo Wáashindoon bíí' yileeh yę́ędą́ą' Naabeehó dóó Naakaii ts'ídá t'áá 'áłahji' nahalingo 'ahída'ats'ihgo hoolzhiizh.

'Íiyisíí biniinaa dooleełii t'áá 'ádin lá ndi 'ákódahóót'įįd lá. Łahjí 'aghá 'áníłtsogo náhałchįįh dooleełígíí ndi doo bééhózin da. Bilágáana 'íídą́ą́' ndaakai yéę binááł 'ádahóó-

t'įįdii naaltsoos yikáá' ńdayíizo yéę níl'į́igo 'ákót'é.

Bilagáana, 'índa 'ał'ąą dadine'é danilį́igo tónteel tsé'naadi kéédahat'íinii t'áá 'ałtso naat'áanii t'áálá'í bidine'é yá sizį́igo, kót'éego hoot'áałii t'éiyá bił béédahózin. 'Áko ha'át'éegi da naaki 'ał'ąą dah 'ooldahgo hóóchį́ ńt'éé'go da, naat'áanii niliinii t'éiyá yaa yinít'įįh dóó yee 'aha'dit'ááh. T'áá yee 'aha'deet'ą́ą́ shį́į́, jó 'éí bik'ehgo dah náá'diildah. Tónteel wónaanídéę' Bilagáana nihich'į' ha'naa ninídéelii kót'éego hoot'áałii t'éiyá bił béédahózingo niheeskai. 'Áko Indians, 'ał'ąą dadine'é danilį́igo kodi kéédahat'íinii t'áá 'ákót'é dazhnízin ńt'éé'. 'Ał'ąą danijaa'góó binant'a'í t'áá daałá'í bá naazį́, kót'éego shį́į́ baa ntsídadzikees ńt'éé'. Ndi doo 'ákót'ee da. 'Áko Naabeehó ndaabaahdą́ą' Naakaii, 'índa Bilagáana da haashį́į́ néelą́ą' dazhnoot'ą́ą'. Hastóí naat'áanii danilíinii 'áłah 'ánídajiil-'įįhgo, k'ad, 'ałch'ishdéę' niha'át'e' yóó 'adadidiit'ááł dajiníigo Bilagáana naaltsoos bee háádazhdiil'įįh. 'Áko Naabeehó binant'a'í t'áá shóozt'e'ígíí t'éiyá yee lą́ nda'ałeeh. 'Áko ndi Naabeehó t'áá yíl'áá ńt'éé' yinant'a'í nilį́į dooleełii t'áá 'ádin 'íídą́ą́'. 'Éidíígíí bǫǫgo t'áá ch'ééh 'ál'į́igo 'aadéę' hoolzhiizh.

Ałk'idą́ą́' Naabeehó ła' ńléí 'ana'í yitahgóó 'ałnáádaabahgo 'áádéę' dibé, béégashii, 'ír.da łį́į' da baa ninádahajeeh ńt'éé'. 'Índa 'asdzání, 'áłchíní da 'áádéę' ninádayii'eeshgo yaa naaskai. 'Áádéę' dó' Naakaii t'áá 'ákót'eego yiniiyé ńdadibah ńt'éé'. 'Áko kodóó dibé, łį́į', béégashii yéę da baa 'anídahajeeh. 'Áko t'ááłáhági 'át'éego nahonidzoodgo hoolzhiizh.

Siláago binant'a'í General James H. Carleton wolyéé léi' kóníigo 1865 yę́ędą́ą' naaltsoos 'áyiilaa lá, "Ts'ídá t'áá 'áłahji' nahalingo Naabeehó dine'é Naakaii yił 'ahída'ats'ih lá kwii. T'áá naakíhidi daats'í t'áá 'éiyá doo 'iits'a'ígóó daashį́į́ nízah nihoolzhiizh. T'áá 'áko ndi diné ła' da'ni'įįh yiniiyé Naakaii yitahgóó ńdadikahgo dibé, 'índa béégashii da baa ninádahajeeh 'áádéę'. 'Índa Naakaii dó' yiniiyé 'ahínída'ahiiltéehgo 'aadéę' yikee' ńdadikahgo kodóó dibéhę́ę baa 'anídahajeeh.

Díí k'ad kót'éego yiniinaa nda'ahiltseed. 'Índa Naakaii dó' diné bada'áłchíní yę́ę, 'índa sáanii yę́ę da yił ndahadeełgo bikéyahgóó 'anídayii'éeshgo 'áadi binaalte' 'ádeile'. T'áá 'ałch'ishdę́ę́ da'ahóbáahgo hááhgóóshį́į́ 'áhát'į́igo 'ahééhwiilzhíísh. Díí k'ad Wááshindoon kéyah shónááyoost'e'ígíí kót'éí bił hólóonii 'át'éé lá," níigo naaltsoos yikáá' 'áyiilaa lá. (Éí New Mexico dóó Arizona 'áályiłní).

'Áádóó náánáła' Bilagáana 'Ánihwii'aahii nlį́igo, Chief Justice Kirby Benedict wolyéé léi' 1865 yę́ędą́ą́' kót'éego halne'go naaltsoos yikáá' 'ánááyiidlaa lá, "Naabeehó dine'é ła' ńléí Bilagáana 'índa Naakaii da bilį́į́' dahólóonii dabighangóó, 'índa kin dah naazhjaa'góó da kįih ńdaabahgo yaa ndineekai lá. Da'ni'įihgo, 'índa t'áadoo le'é da 'aghadayii'níiłgo yaa naakai. 'Índa nda'ałtseedgo da yisnááh yóó 'adayii'éesh. Ts'ídá díí t'eiyá 'aghá nahalingo yiniiyé 'ádaat'į́ lá. T'óó diné naaltseedgíí 'éí doo yiniiyé 'ádaat'į́ lá. 'Áko ndi ńléí ha'át'éegi da k'ééhodee'nééh bii' naaz'ą́ą́go yiniiyé nikidadiikahgo 'éí ts'ídá t'áá táláago 'atída'ocł'įił. Ts'ídá ti'hojoonihgo 'índa dahwiiłhééh lá. 'Áádóó díí yisnááh yóó 'adayii'éesh ha'nínígíí dó' t'áá 'aaníí, ndi ts'ídá 'ákwíídi 'ádzaa hodi'doo'niiłgíí doo bééhózin da." Jó k'ad kót'éego naaltsoos yíkáá' 'áyiilaa lá 'éí díí Bilagáana.[1]

Ts'ídá t'áá 'ákwii naahaah yę́ędą́ą́' (1865) 'ałdó, Bilagáana náánáła' Dr. Louis Kennon wolyéé léi' naaltsoos 'ánáánéidléehgo kónáádí'níí lá, "Shí 'íinisingo ts'ídá Naabeehó dine'é t'eiyá 'agháago 'atíbi'dil'į́igo haz'ą́ nisin kwii, 'índa ńléí Naabeehó Naakaii yił da'ahóbáahgóó ts'ídá Naakaii t'eiyá 'atł'áhí 'áńdahoolįihgo biniinaa 'ákódahóót'įid, ts'ídá daats'í t'ááłáhágo doo Naakaii dahóółchị' da. Kwii t'óó níyáádą́ą́' Naabeehó t'áadoo 'át'éhégóó, dóó doo ndi haada daat'į́igóó kéédahat'į́ lágo níyá. Daashį́í nízahdę́ę́ shį́í t'áá 'ákót'éego hoolzhiizh. 'Áádóó diné siláago bich'į' ndoo'nił, kót'éego binááhodeest'ą́ą́ ńt'éé 'éí shį́í Naakaii 'atł'áhí 'ánáádahoodlaa. 'Íídą́ą́' siláago binant'a'í General Gar-

land wolyéé léi' t'áá 'át'é díí kéyah shóozt'e'ígíí yá sitį́igo 'ákóhodoo'niid, ha'át'íí biniinaa Naabeehó dine'é siláago bich'į' ndoo'nił ha'níigo. Naakaii ndayídíkidgo, jó dibé, 'índa łį́į́' da doo 'asohodoobéézhgóó k'ee'ąą deinéełt'iih, 'índa 'áłchíní t'áá 'ákónááhoot'é daanii łeh. 'Aadóó ha'át'íi da náábiniinaa dooleełii 'éí t'áá 'ádin------." Jó kóníigo naaltsoos yee 'áyiilaa lá 'éí.[1]

'Ánihwii'aahii Chief Justice Kirby Benedict wolyéé ńt'éé' ha'nínę́ę Naakaii Naabeehó ła' 'ańdayii'éeshgo binaalte' 'ádeile'go yaa naaskaii níigo yaa halne' yę́ę kwii t'áá 'éidíígíí kóníigo yaa nááhálne, "Díí k'ad kwii kéyah Wááshindoon shónááyoost'e'ígíí bikáa'gi 'ał'ąą 'ana'í bikágí yishtłizhii danilíinii lą'í Naakaii yinaa'nil danilį́igo haz'ą́ą́ lá. ('Éí N.Mex. dóó Ariz. bii' baa 'ooldahii 'áályiłní.) 'Asdzání 'índa 'áłchíni da 'ákódaat'éé lá. Doo Naabeehó dine'é t'eiyá 'ákódaat'ée da 'ałdó. 'Ał'ąą 'ana'í bikágí yishtłizhii kojí hiníláii lą'í da'atah. 'Áko ndi Naabeehó dine'é t'eiyá 'aghá 'ánéelą́ą́. 'Éí shį́í Naakaii dabini'įihgo, 'aghadabii'níiłgo da, 'índa ndabiiłniihgo da 'áájí yinaa'nil daazlį́. Indians dajílíinii Naakaii t'áá bá 'ashjááda'jiil'įihígi hoł hidilyeed. Díí diné naaltéé biniiyé 'ahaa nahaniihígíí doo 'áníídí baa ní'diildee'ii 'át'ée da lá. 'Asdzání dóó 'áłchíni t'eiyá 'agháago 'ádeił'į́. 'Índa bikágí yishtłizhii hiníláájí 'ałdó ła' t'áá 'ákódaat'į́ lá. 'Áłchíni bąąh 'ádahasdįidii, t'áá bita'ígóó ndaakaii Naakaii da yich'į' ndayiiłniih. 'Índa 'áłchíni ła' bizhé'é, bimá da dahólǫ́ǫ ndi bi'oh dahonee'ánígíí t'óó baa ndahaniih. 'Éí ha'áłchíni da'ílíinii t'áá hó 'ádajit'į́. Díí k'ad kót'éego łį́į́', 'índa béégashii da 'ahaa ndajiilniih nahalingo 'áłchíni, 'índa 'asdzání da 'ahaa ndajiilniih. T'áá 'ániídídóó t'ah ńt'éé' 'iłį́igo nááwahideeznii'. 'At'ééké yázhí tseebíígíí da t'ah yich'į' nooséełii, bííyisgo, 'índa hóyą́ągogo dį́idi neeznádiin béeso dóó níwohjí dego hodees'aago bą́ąhíłįigo 'ahaa ndajiilniih. 'Áko díí 'áájí daniyéego diné t'áá bee 'ádaadingo nda'iiłchíih. 'Áko ndi kodóó ba'áłchíni nááadanidlíinii 'éí doo nináádahaniih da. 'Éí yá'át'éehgo baa ntsáhákees. 'Índa 'áájí bee bá nahaz'áanii t'áá

[1] THE NAVAJOS, by Oscar H. Lipps, 1909 (Appendix).

'ałtso bídéét'i'go bee baa ntsáhákees. 'Éí shjí hanaalte' da'ilíinii t'áá hó há nda'iichííh 'éí bee 'át'é. Díí k'ad kót'éego t'áá kéédahojit'jí nt'éé' 'ałtaa ná'ásde'," jó níigo yee naaltsoos 'áyiilaa lá. [1]

Dr. Louis Kennon wolyé ha'nínéę dó' naaltsoos 'áyiilaa yéę yikáa'gi kónáádí'níi lá, "Naabeehó dine'é kónéelt'e' naalté danilí dajiníigo ch'ídahojii'aahígíí t'áá 'iiyisíí t'áá bich'į'go ch'ídahojii'aah nisin. Shí 'íinisingo 'éí Naabeehó 'ashdladi miil dóó hastáądi miil, díí bita'gi haa'íshjí 'áneeláą'gi naalté danilí shą'shin nisin. Jó kwe'é bee 'íinisin. Ńléí Naakaii łahgo hooghan dah yikahii, ba'ałchíní yił dah yikahii béeso t'áá díkwíí da shódayoołt'eehgo t'áá 'áko naalté yik'é ndayiiníiłgo ła' bee ndahwiileeh. 'Áko t'ááłáhágo hooghanígíí ła' naalté díí', 'ashdla' da ndei'eesh, 'áádóó díí naalté ndahaniihígíí t'áá 'ákwíí jí dibé 'ahaa ndajiilniih nahalingo baa 'ooldah. Ch'óóshdą́ą́dą́ą́' doo hózhǫ́ 'ílįígóó 'ahaa ndayiilniih. T'ááłá'í sizínígíí béeso tsosts'idiin dóó bi'ąą 'ashdla' dóó ńléí neeznádiinji' nihool'áago bą́ą́hílį́ nt'éé'. K'ad t'ááłá'í sizínígíí dį́idi neeznádiin da bą́ą́hílįigo 'ahaa ndajiilniih. 'Ániid, t'ahdoo lą'í yiłkaah yéędą́ą́' naghái Méhigo biyi'jí Indians danilínígíí ła' kwii Yootóogi na'iini' ha'níigo biniiyé yít'eezh lá. 'Áko 'íídą́ą́' 'ákót'éego yee dayókeed. Naghái shádi'ááh bich'ijí Georgia wolyéego náhásdzooígíí biyi' Bilagáana 'ákót'éego Naakaii Łizhinii yaa naakai. 'Áko ndi 'áájí t'áá ts'íidgo yaa naakai. Koji 'éí doo 'asohodoobéezh da lá. Jó koji 'éí ha'át'éego da diné naalté nilínéę naanish doo yíneel'ąą da yileehgo, haatihgo da t'óó nílahgóó yida'iiłníih lá. Níláájí Bilagáana yaa naakai dishnínígíí 'éí doo 'ákót'ée da. 'Éí 'ákót'éego bá shił bééhózin," jó níigo naaltsoos yikáá' 'áyiilaa lá.

Díí New Mexico dóó Arizona wolyéego náhásdzooígíí Naakai t'óó biyaa haa'nildą́ą' bikáá' doo ła' hoodzaaí 'áhoot'ee da nt'éé'. Chidí bitiin, 'índa kǫ na'ałbąąsii bitiin da k'ad dahólónígíí 'íídą́ą́' 'ádaadin nt'éé'. 'Índa

díí k'ad Naabeehó kéédahat'ínígi kin dah naazhjaa'ígíí ndi 'íídą́ą́' 'ádaadin. T'áá hazhó'ó t'áá díkwíígo t'éiyá kin sinil nt'éé'. 'Áko ndi siláago t'éiyá 'ákwii naazhjéé' nt'éé'. Bilagáana Naabeehó yinant'a'í nilíinii ndi 'ádin. Ła' yiniiyé sinil ndi 'éí Naabeehó yitahji' ńdaaldzidgo yiniinaa t'áá ńléí Yootóoudi t'éiyá ndaalkai łeh nt'éé' Łáháda haashjí náhoot'įįhígi 'índa diné ńdayiiltsééh. 'Índa diné yitahgóó ńdadikahgo doo t'áá sáhí ndaakai da. Siláago t'éiyá yił ndaakai. 'Áádóó diné yinant'a'í danilí dooleeł biniiyé ndabi'dii'níiłii, ha'át'éego da Indians áda'ool'į' bił bééhózinii doo 'éí bik'ehgo ndabi'dii'níił da. T'áá níláájí Bilagáana 'aghá dahideeziinii yił 'ałch'odaa'níinii binahjí' nahalingo naanish baa dahidit'aah nt'éé' 'íídą́ą́'. Jó 'ákódaat'éhígíí yaa halne'go kwii Bilagáana Major Griner wolyéé léi' kóníigo naaltsoos yee 'áyiilaa lá, "Díí k'ad Bilagáana Indians yinant'a'í danilíigo t'áá kodi Indians yitahdi yá naazdáa dooleeł yiniiyé náhidinoobįįłígíí biniinaa Indians bi'oonishii doo yá'át'ééh yileeh da nisin, háálá 'ákódaat'éhígíí Bilagáana t'áadoo le'é nahat'á 'ádaat'éii yee 'aghádahideezíinii yił 'ałch'odaa'níinii t'éiyá náhidinoobįįł. 'Éí bee 'át'é nisin. Jó 'akon Bilagáana ła' Mr. Wingfield wolyéé léi' níyá, Ńléí Georgia holyéego náhásdzooígíí biyi'di Bilagáana ła' Mr. Dawson náánáolyé 'éí yił 'ałch'oo'níigo 'éí yinahjí' kwii níyá. 'Índa Mr. Wolly wolyéé léi' t'áá 'ákónáánát'é. T'áá hazhó'ó są bik'ee doo bíík'al da lá ndi náánádzá. 'Éí Mr. Clay wolyéé léi' yił 'ałch'oo'níigo 'éí yinahjí' kwii níyá. 'Índa Mr. Weightman wolyéé léi' t'áá 'áájí nahazt'i'ii yiniiyé náánádzá. 'Éí kwii níyáá dóó kodóó díí kwii kéédahat'íinii Wáashindoondi bá 'atah dah sédáa dooleeł nízingo yiniiyé 'át'į. 'Índa shí ndi t'áá 'ákónáánísht'é. Díí k'ad kót'éego Indians baa 'ádahołyą́ą dooleeł danihi'di'níigo biniiyé ndanihi'dii'níiłgo t'áadoo nihił béédahózinii bich'į' ndanihi'dii'níił. T'áá shǫǫ t'áá díkwíígóó da nihił 'ééhoozįįh t'áá 'áko nahjí' kónáádanihi'diil'įįh. 'Áko t'ah nihiláhágo 'át'éii 'áájí 'anáánádááh. Díidíígíí biniinaa Indians bi'oonishígíí doo yá'át'ééh yileeh

[1] THE NAVAJOS, by Oscar H. Lipps, 1909 (Appendix).

da, shí 'ákót'éego baa ntséskees. Kwii naa-
t'áanii séljí' dóó Indians daniłíinii lą'í bił
'ahéédahosiszįįd dóó yá'át'éehgo doo 'aya-
hoolnigóó bił dadéshnish. T'áá 'ádabidishní-
nígóó 'ádaat'é daazljí'go t'ah ńt'éé' t'áadoo
hooyání nahgóó háánídááh shi'doo'niid," jó
kóníigo naaltsoos yikáá' 'áyiilaa lá. (1)

1851 dóó 1859-jį' t'áadoo ts'ídá yéego
'ałk'ináájiijeehé k'asdą́ą́' tseebíí nááhai. T'áá
'áko ndi tsiłkéí ła' t'áá 'ałnáádaabah ńléí
háágóóshį́į, 'áko ndi doo ts'ídá biniinaa haada
da'ahijilnéeh da. Neeznáá nááhaiídą́ą́' Bila-
gáana niheeznáago 'índa, 1859 wolyéego
yihah yę́ę biyi' t'áá bíyó Naabeehó 'ana da-
nidzingo nááhodeeshzhiizh. 1860 biyi' 'índa
Tséhootsooígi kin siniligíí baa tii'ooldee'. 'Éí
Naabeehó 'ádaat'į́.

'Iídą́ą́' hóóchį' yę́ę kwii Bilagáana Colonel
James Collins wolyéé léi' kóníigo yaa halne,
"Ya'iishjáashchili wolyéego ńdízídígíí t'óó
hahoolzhiizhígo ('Éí 1858 yę́ędą́ą́') siláago
Tséhootsooígi shijé'ígíí Naabeehó t'áá bíyó
yił 'ałch'į' ndadik'ą'go hahoolzhiizh. Tséhoo-
tsooígi daashį́į honíłtsogo dah náháltso. 'Éí
łį́į́', dzaanéez da siláago yee naanéhígíí bá
'át'é ha'níigo baa hóchį'. 'Áko ndi Diné biljí'
t'óó 'ahayóí yah 'anídaajah. Ła' shį́į t'óó yah
'anídei'nił. 'Áko t'áadoo 'ádaaht'íní ch'ééh
dabi'doo'niid. Łah łį́į' ła' 'ákóne' nináádaa-
kaigo náádayiiltsą́ą́ lá. 'Áko 'índa Siláago
Binant'a'í Capt. McLane wolyéé léi' yik'ee doo
bił hóózhǫǫdgóó siláago ła' 'ákǫ́ǫ́ 'ayííł'a'.
'Éí 'áadi łį́į́' bił níjéé' dóó łį́į́' 'ákǫ́ǫ́ ndaakai
yę́ę tsosts'idiin daats'í ndeistseed. 'Éí 'ákó-
dzaa dóó t'áadoo náhodíníilzhíshí Naakaii
Łizhinii ła' seesyí hodoo'niid. 'Éí shį́į Diné
'ádaat'į́. Díí Naakaii Łizhinii seesyínę́ę 'éí
Siláago Binant'a'í Major Brooks wolyéé ńt'éé'
'éí yá naalnish ńt'éé' jiní. 'Aadóó 'éí biniinaa
hóóchį'. 'Éí k'ad t'ah ndi t'áá 'ákót'éego
hoolzhish."

"Díí Naakaii Łizhinii seesyí dóó Siláago
Binant'a'í Major Brooks wolyéé ńt'éé' ha-
'nínígíí Diné yitahgóó hastóí Naat'áanii
daniłíinii yich'į' hane' 'ádayiilaa. Háíshį́į
Naakaii Łizhinii sits'ą́ą́ yiyiisxį́. 'Éí k'ad t'óó
bee nihá nihodeesh'ááł. 'Iisxíinii kwii kįįh

dadoołóós t'áadoo tádiin yiłkaahí. T'áá
'ádingo 'éí t'áá noł'áá ńt'éé' kodóó siláago
nihich'į' dool'aał ní jiní. -----'Áko 'éí 'ákódzaa
dóó Siláago Binant'a'í General Miles wolyéé
léi' Diné yitahgóó siláago táidíí'eezh. -----" (1)

Díí k'ad kót'éego Naabeehó diné 'iisxíinii
kįįh dadoołóós dabi'doo'niid ńt'éé' t'áadoo
'ádaadzaa da. 'Iisxíinii 'éí doo nihaa dool-
téeł da. T'óó bik'é nihich'į' nda'diilyééł.
Nályééh shį́į díkwii danohsin ch'ééh dadíiniid
Naabeehó. 'Akwe'é t'áadoo bee lá 'azljí'góó
t'óó biniinaa 'ałk'ijiijéé'.

Da'níłts'ą́ą́góó diné yitahgóó siláago niki-
dadiibaa'. 'Áko ndi t'áadoo ts'ídá yéego 'atí
da'ahijiilyaa da. Colonel Collins wolyé ha'ní-
nę́ę nááhálne'go kónáádí'ní, "Shí dóó Bila-
gáana náánáła' Colonel Bonneville wolyé 'éí
bił Diné bitahgóó tádidiit'ash dii'niid ----- 'Éí
'ákódzaa dóó Késhmishgo (1858 yę́ędą́ą́')
Naabeehó bił k'énáhásdljí' dóó naaltsoos bá
hadilyaa. ----- Díí naaltsoos bee 'aha'deet'á-
nígíí 'áníigo Diné ndaabaah yę́ędą́ą́ na-
'aldlosh shódayoost'é yę́ę t'áá 'ałtso bénída-
hodoodzįįł. Díí k'ad kót'éego Naabeehóji
noot'i'ígíí bida'doołííł. 'Índa nihíji Bilagáana
niidlíini kwii bee 'ádee hadadeedzí'ígíí dó'
t'áá 'ákót'ee dooleeł níigo Colonel Bonneville
wolyéhę́ę yee haadzíí'. *'Áko ndi díí Naa-

* Bilagáana ła' Richard Van Valkenburg wolyéego Naa-
beehó Dine'é Baa Hane' naaltsoos yee 'áyiilaago kóníigo
yaa halne' (Díí naaltsoosígíí naakits'áadah nááhaiídą́ą́'
Tségháhoodzánígi 'áyiilaa.) 'Éí díí 1858 yihahą́ą biyi'
naaltsoos bee 'aha'deet'ą ha'nínę́ę 'áályiłni. "Kót'éego
bee nihoot'ą: Naabeehó dine'é díí 1858 wolyéego yiha-
hą́ą biyi' 'aak'ee hazljí' dóó wóshdę́ę́' t'áadoo le'é Bila-
gáana, Naakaii, 'índa kiis'áanii da yits'ą́ą́dóó 'ani'jí'
'índa ndaabaahgo yee shódayoost'e' yę́ę t'áá 'ałtso 'ání-
deidiyoo'nił. 'Áádóó kodóó háadi da Diné t'áá díkwii da
náádahóółchį'go Naabeehó t'áá yíł'áá ńt'éé' yá ninádí-
nóodah. 'Índa Kiis'áanii dóó Naakaii da yisnáah daniljígo
ninádajiizh'eezh t'áá 'ałtso béédadizhdoochił. 'Índa
hastiin Herrero wolyéhígíí k'ad kodóó Naabeehó yi-
nant'a'í niljí dooleeł. Ha'át'íi da Naabeehó dine'é bich'į'
hadahat'éeh shį́į t'áá 'ałtso díí hastiin bidine'é yaa
yinít'jí dooleeł.
"'Índa díí naaltsoos 1858 wolyéego yihahą́ą biyi' ha-
dilyaa yę́ędą́ą́' Naabeehó kéyah bá náhásdzooígíí ha'a-
'aah bich'iji bééhózingo hodeesdzo 'íídą́ą́. Naasht'ézhí
bilááhji Táala Hoots'aa' hoolyé, 'áádóó hahoodzo jiní
náhookǫsjigo. Shash Bitoo gónaa 'ałníí' k'éhózdon
ńléí 'éí Naat'áanii Nééz bideiji' Tséłgaai 'Idiidljíjí'. Kó-
t'éego ha'a'aahji Naabeehó kéyah bá hodeesdzo. Díí
kót'éego hodeesdzogo Naabeehó kéyah ła' t'áá yá'á-
t'éehgo yee dahodilts'ídę́ę t'áá bich'į'go hodeesdzogo
yaa saad dahasłį́í'."

54

beehó bik'ehgóó 'ádadoohnííł ha'níigo bá 'ályaa yéę t'áadoo yináada'iidlaa da. 'Áko t'áá 'éí biniinaa 1859 yihah yéędą́ą́' siláago Binant'a'í Major Simonson wolyéé ńt'éé' Diné yitahgóó siláago tánéidíí'eezh. 'Éí shį́į́ díí Diné yee 'ádaa hadadeesdzíi'ii t'áadoo yida'iilaa yéę t'áá yida'doolį́í́ ha'níigo yiniiyé siláago táidíí'eezh. 'Áko ndi t'áá ch'ééh 'ánáájíít'įįd. T'áá 'áko ndi t'áá kónígháni nahalingo diné 'ałt'ááh ńdaayishgo hoolzhiizh. Naabeehó ła' t'ááłáhági 'át'éego 'anadanidzin, da'ni'įįh dóó náánáłahdę́ę́' 'ana'í danilíinii ndeiłtseedgo yaa ńdíniikai. 'Éí t'áá 'ákót'éego 1860 náháhígíí baa hoolzhiizh. 'Áko 'índa Siláago Binant'a'í General Canby wolyéé léi' bisiláago yił nááná'náá dóó Naabeehó yich'į' dah náá'dii'eezh. Díí kojį Naabeehó siláago yik'ee nanidzoodgo kodę́ę́ Naakaii bá 'ashjahoodzaago 'aadę́ę́ Diné yaa ńdiikai. 'Asdzání, 'índa 'áłchíní yéę da yił 'adahalyeedgo yaa ńdiikai. 'Áko díí kót'éego siláago Binant'a'í General Canby wolyéé léi' Diné yitahgóó siláago táidíí'eezh, ndi t'áá ch'ééh 'ánáájíít'įįd Dine díkwíí shį́į́ 'áłah 'áyiilaago 'éí ba'át'e' yóó 'anáádeideez'ą́ągo siláago yéę ninádahaas'ná. ......" [1]

1860 yihahą́ą biyi' T'ą́ą́chil wolyéego ńdízídígíí tádiingóó yoołkáałgo Naabeehó Tséhootsooígi siláago shijé'ę́ę yaa niheekai jiní táádę́ę́. K'adę́ę haiłkaahgo, dį́'ígi 'oolkiłgo, 'ooljéé' ńléí góyaa 'ałtso 'ííyáago siláago da'ałhoshgo baa ndadziis'na' jiní. Chizh da daastł'ingo bine'dę́ę́, 'índa kin da bine'dę́ę́. Naabeehó t'ááłáhádi miil daats'í yilt'éego 'ádaat'į́í́ lá jiní. Siláago tł'ée'go ńdídáhi danilínígíí ła' dayízhníiłdon jiní. 'Áko 'éí bee hahoolzhiizh jiní. Siláago shį́į́ 'éí t'áá 'ách'į' nda'ódłiigo t'áá 'ííłdįį yiniiyé hasht'e 'ádadólzin ńt'éé' lá jiní. 'Ałtso hoos'įįdgo Naabeehó yéę dził yą́ąh kídahiniicháą', 'aadóó shį́į́ siláago Diné baa nikidadiijéé'. 'Áko ndi Diné siláago 'ałtso yaa diijéé' jiní.

Naakidi 'ahéé'ilkidjį' daats'í t'áá hazhó'ó da'ahijoogą́ą́ ní jiní Siláago Binant'a'í Major Sheppard wolyéé léi'. 'Éí shį́į́ 'íídą́ą́' Tséhoo-

tsooígi siláago yish'eezhgo 'ádahóót'įįd. Siláago t'ááłá'í ts'ídá bijéí góne' bi'diskah lá jiní. Naaki éí t'óó k'áák'eh lá jiní. Dinéjí ndabi'diztseedii, dóó k'adáák'ehii 'éí doo bééhózin da. Háálá Diné dínéesdzoodgo ndabi'diztseed yéę, 'inda t'óó k'adáák'eh yéę da ńdayiizláa'go yił 'anoodzood lá jiní. T'áá naakíhi t'éiyá t'áá 'ákǫ́ǫ́ shiiléézh lá jiní.

1861 yéędą́ą́' 'éí Bilagáana ha'a'aahdi kéédahat'íinii t'áá bí 'ałk'iijéé'. T'áá 'ááji náhookǫs yich'iji kéédahat'íinii, shádi'ááh yich'iji kéédahat'íinii yił 'ałk'iijéé'. 'Éí da'ahijoogą́ą́ Civil War deiłní Bilagáana. 'Éí 'ááji 'ákót'éego 'ałk'ijiijéé'go kodóó siláago Naabeehó yaa 'ádahalyánę́ę 'ałtso 'ákǫ́ǫ́ silį́í́. 'Éí 'ákódzaa dóó Naabeehó, 'índa Dziłghą́'á dine'é da yił nikináádadiibaa' jiní.

'Éí 'ákódzaa dóó 1863 wolyéego yihahą́ą́dą́ą́' Naabeehó dine'é t'áá yíl'áá ńt'éé' 'áłah 'ádoolnííł dóó Hwééldi hoolyéedi ndoojih hodoo'niid. 'Éí shį́į́ siláago binant'a'í General James Carleton wolyéé ńt'éé' 'ákót'éego yihodeez'á. T'ááłáhájį' 'áłah 'áłyaago Kiis'áanii 'ádaat'éhigi 'át'éego k'éé'dílyééh yee dahináa dooleeł, kót'éego bíbidiyool'ááł, jó kódzaa ńt'éé'. 'Áko 'éí 'ákót'éego bee nihoot'ą́ą́ dóó Bilagáana Kit Carson wolyéé léi' Naabeehó 'áłah 'iidoolííł biniiyé bich'į' yil'aad.

'Éí 'ákót'éego bee ní'diildee' dóó t'ááłá'í nááhaigo Hwééldi hoolyéedi Naabeehó tseebíidi miil 'áłah 'áłyaa t'áá 'íídą́ą́, t'áá 'áko ndi ła' t'áá ndabi'diit'éésh. Díí 'áadi ndabi'diisht'eezhii ch'óóshdą́ą́dą́ą́' t'áá yá'át'éehgo kéédahat'į́. 'Aadóó níweh da 'ááni(ł wónáásdóó t'áá 'íiyisíí dooda silį́í́. Chizh yéę da 'ałtso nabé'ésdee'. 'Áko haigo doo 'asohodoobéezh da hazlį́í́. K'éédazh'didléhę́ę ndi doo ńda'nit'įįh da silį́í́. 'Aadóó ts'íih niidóóh 'ádaat'éii haashį́í́ néelą́ą́ hatah niłnii'. 'Éí 'ákódzaago t'ááłá'í yihahígíí biyi' Naabeehó naakidi miil dóó bi'ąą táadi neeznádiin dóó bi'ąą naadįįła' yilt'éego daneezná jiní. 'Éí 1865 yéędą́ą́' 'ákódzaa Hwééldi hoolyéedi.

Naashgalí dine'é wolyéii dó' Hwééldidi 'áłah 'ábi'diilyaa ńt'éé' 'ałdó' 'íídą́ą́. 'Áko 'éí 1865 yéędą́ą́' t'áá 'át'é t'áá łahjį' yóó' 'anáájéé'. 'Áádóó táá' nááháah góne' Naabeehó t'áá

[1] THE NAVAJOS, by Oscar H. Lipps, 1909 (Appendix).

'ákót'éego yóó' 'anídiijah daaníigo yidaho-
deez'ą jiní. 1868 yéędą́ą́' dą́ąji' ch'ééhool-
zhiizhgo shį́į́ bee nihoot'ą́ n̓t'éé'. 'Éí shį́į́ t'áá
'aaníí t'áá 'ákódaadzaa dooleeł n̓t'éé'. Ndi
Wáashindoondę́ę' Bilagáana General W. T.
Sherman dóó Colonel Francis Tappen wolyéé
léí ní'áazhgo biniinaa t'áá dooda silį́į́.

Díí kodi Hwééldi hoolyéedi Naabeehó
ti'dahooníhígíí shį́į́ t'áá 'ákót'éego Wáashin-
doondi daa'nii'. Kodi General Carleton wolyéii
Diné ła' deeshłį́į́ł, Kiis'áaniigi 'át'éego k'éé'-
dílyééh yee dahináago 'ádeeshłį́į́ł n̓íigo yá
nahaz'ánę́ę ch'ééh 'ííł'inígíí shį́į́ t'áá 'ákó-
t'éego yi'nii'. T'áá 'éí biniinaa díí General
Sherman dóó Colonel Tappen wolyéhígíí 'áá-
dę́ę' deidees'a'. 'Éí díí kodi ha'át'éego shį́į́
Naabeehó yá nináahodoo'aałgo yiniiyé dah
dii'áazh 'áádę́ę'. Ch'óóshdą́ą́dą́ą́' 'éí Naa-
beehó n̓léí halgai hóteelji Oklahoma hool-
yéego náhásdzo 'éí biyi'góó bi'doolnih hodoo-
'niid n̓t'éé'. 'Áko díí kodi kǫ' na'ałbąąsii bá
béésh ditséhígíí doo náádeidínóołt'ah da
ha'níigo 'éí bąą, 'inda kǫ' na'ałbąąsii béésh
bá deestsigo bąąh góyaa Bilagáana t'óó
'ahayói ndahidoonééł, 'éí yił 'ałk'ínínáánéijah
dooleeł sha'shin ha'níigo biniinaa.

'Áko ndi Naabeehó nihikéyahą́ągóó nihéé'-
nółníih daaníigo yaa n̓da'ookąąhgo t'áá 'ákó-
t'éego baa deet'ą silį́į́. 'Éí General Sherman
dóó Colonel Tappen n̓dajookąąhgo t'áá 'ákó-
t'éego yee hanídi'ní'ą. Diné t'áá yíl'áá n̓t'éé'
díí n̓léí Hwééldi hoolyéedi 'áhoot'éhígíí t'áá
'íiyisíí yik'ee ntseekaigo yiniinaa díí naaltsoos
naaltsoos sání dabidii'nínígíí t'óó bee 'aha'-
deet'aahdą́ą́ t'óó bee hada'iidziihgóó yee lą́
da'oołeełgo yaa naaskai, tsxį́į́łgo kéyahgóó
dah n̓dadi'dooldah t'áá 'éí t'éiyá binitsékees
danilį́igo 'ádáát'įįd. 'Éí 'ákódzaago 'aadi
naaltsoos hadilyaa yę́ę bik'ehgo 1868 yéędą́ą́'
dah n̓da'diildee'. 'Áko kéyah bikáá' kééda-
hojit'į́í n̓t'é'ę́ę t'áá bich'į'go há 'ahééhoodzogo
'éí biyi'gi t'éiyá kéédahoht'į́ dooleeł daho'-
doo'niid.

'Ákódzaa dóó t'áá 'áko dah n̓dadi'yii'néeh-
go baa n̓'diildee'. Doo t'áá 'át'é t'áá łahji' dah
n̓da'dii'náa da. T'áá 'ał'ąą ba'áłchíní dah
n̓deidiyii'eezh. Ła' 'ahéédahólzinii t'ááła' dah

n̓dahidii'ná. 'Áádę́ę' t'áá bí danízindę́ę' niná-
dahaaskai. Kojí kéyahą́ąji'.

N̓léí Hwééldidę́ę' k'ad dah n̓da'dii'néehgo
t'áá 'ánółtso Shash Bitoo hoolyéegi ninádahi-
dooh'nééł daho'doo'niid. 'Éí 'ákódzaa dóó
t'áadoo hodíína'í Shash Bitoogi Diné t'óó
'ahayói 'ałah násdlį́į́. 'Áko doo yá'ánáąná-
shxǫǫ dago biniinaa Tséhootsooígóó nínáá'dii-
'ná. 'Áko díí kwii nahalzhiishgo dichin doo
'asonááhodéébéezh da. Wáashindoon ch'i-
yáán neiniihígíí t'éiyá ndi, ndi 'éí łahda doo
hah ninágééh da. 'Inda ła' ha'oh n̓da'niłnah.
'Éidíígíí Wáashindoongóó baa hóóne' 1869
yéędą́ą́' 'aak'eego. Bilagáana Mr. Dodd wol-
yéé n̓t'éé', 'íídą́ą́' Diné yinant'a'í nilį́igo 'éí
ákǫ́ǫ́ hane' 'áyiilaa. Díí k'ad Diné t'áá dichin
bighą́ągo 'éí da'ni'įįhgo yaa nínáádidookah.
'Éí bąą ch'iyáán t'áá łą́ągo bá 'ályaago t'éiyá
yá'át'éeh dooleeł n̓íigo Wáashindoongóó naal-
tsoos yee 'áyiilaa.

'Éí 'aadóó t'áá 'ákót'éego Tséhootsooígi
Diné dabééhai. 'Áko 1869 ha'nínígíí baa
nááhoolzhiizh. 'Áádóó Diné lą́'í da'niłts'ą́ą́'-
góó dah n̓dahidiikai. T'áá ha'át'éego da t'áá
bí 'ák'i ndadikai dooleeł biniiyé. Ła' dabighan
n̓t'é'ę́ęgóó dah n̓dahidiikai, bikédaayahą́ą-
góó. Ts'ídá 'íídą́ą́' doo ndahałtingóó yíshį́.
'Inda nahachagii dó' t'óó ahóóyói 'íídą́ą́'. 'Áko
t'áadoo ts'ídá n̓dazh'neest'ą́ą́ da. Dichin t'áá
hólǫ́ǫgo náánááshį́. 'Áádóó hwe'ana'í danilíi-
nii dó' t'áá kónígháni nahalingo hatah
n̓daabah. Jó 'éí Nóóda'í 'ádaat'éii.

'Éí 'ákót'éego yíshį́ dóó 'aak'eeji' 'anáhool-
zhiizhgo 'inda dibé dóó tł'ízí Diné bá nineel-
kaad Tséhootsooígi. 'Éí 1869 yéędą́ą́'. Dibé
dį́í ts'áadahdi miil, tł'ízí 'éí t'ááłáhádi miil,
kohgo Diné bá nineelkaad. 'Éí Diné bitaa-
daas'nii'. Nááś hodeeshzhiizhgóó t'áá bí yee
nááś da'iłdeeł dooleeł biniiyé. 'Éí 'ákódzaa
dóó dibé hastą́'áadahdi miilgo nínááneelkaad.
Tł'ízí 'éí táadi miil. 'Éí Diné bitaa náádaas'-
nii'. 'Éí ákódzaa dóó Diné da'niłtsą́ą́'góó
n̓daasdlį́į́.

T'áá 'áko ndi doo nahałtinígíí biniinaa
Diné t'áá yéego ti'náádahooznii'. T'áadoo
n̓da'neest'ą́ą da. 'Áko 'éí 1869 yę́ę dóó 1870
biyi' hojoobá'ígo dahwééhai. T'áá 'éí biniinaa

Diné ła' nikináádadiibaa'. Naakaii, Bilagáana, 'índa Kiis'áanii da yich'į' 'ałnáádaabahgo 'áádéę́ ch'iyáán da nishódahoot'eeh. T'áá bíyó nda'ahidziltseed nááhásdlį́į́ 'ana'í bił dichinígíí biniinaa. Naghái náhookǫsji Gáámalii ndahaaznánę́ę dó' ła' yich'į' 'ałnáádaabah duuzlį́į́.

Gáámalii ła' Brigham Young wolyéé ńt'éé', 'éí Gáámalii t'áá yíl'áá ńt'éé' yinant'a'í nilį́į́ ńt'éé' 'íídą́ą́'. 'Éí shį́į́ Naabeehó Gáámalii yee da'ni'į̜hígíí yiyíínii'. 'Ako 'éí 'áádéę́ Gáámalii ła' Jacob Hamblin wolyéé ńt'éé' dah yidiił'a'. 'Éí shį́į́ Tséhootsooígi níyá. 'Ákwii Naabeehó dine'é Gáámalii t'áadoo yaa ńdaat'íní duuleeł díiniid.

Aadóó 1871 yę́ędą́ą́' t'áadoo ńdiiłk'ási háahgi shį́į́ 'anááhoolzhiizh dóó t'áadoo hózhǫ́ daadzaaz da. 'Aadóó 'éí bik'iji' t'áadoo ndahałtiní náánááshį́. 'Ako t'áadoo łá nínáádá'neest'ą̨ą dago dichin nááhóósįid. T'áá 'éí yiniinaa Diné ła' nikináádadiibaa'. Béégashii da deini'į̜hgo yaa nínáádiikai. Jó 'éí dichinígíí biniinaa. 'Íídą́ą́ Bilagáana ła Tséhootsooígi Diné yinant'a'í nilį́įgo sidáá ńt'éé', 'éí Diné bee bíká 'i'doolwoł biniiyé Wááshindoongóó béeso ła' yiyííkeed. 'Áádóó díí k'ad Naabeehó kéyah yikáá' k'éé'dídléehgo yee hináa dooleeł ha'nínígíí t'áá 'íiyisíí doo bíighah da. Tó 'ádaadin 'éí bee 'át'é níigo 'ákǫ́ǫ́ yaa hoolne'. 'Aadóó 1872 yę́ędą́ą́ Bilagáana ła' Diné yinant'a'í náánásdlį́į́. 'Éí Thomas V. Keams wolyéé ńt'éé'. T'áá 'éí bízhi' yę́ę Lók'a'deeshjin hoolyéedi bee yééji'. 'Ako 'éí k'ad Keams Canyon hoolyé. 'Ako díí Hwééldi hoolyéédę́ę nináda'iis'náá dóó táá' nááhai t'áałáhági 'át'éego diné t'áá 'ałtsoní bee bich'į' ndahwii'náago, dóó dichin da yik'ee ti'dahooníihgo. 'Éí t'áá 'ákót'éego hoł bééhoozin díí Diné binant'a'í náádzísdlį́'ígíí. 'Éí ákódzaa dóó Naabeehó dine'é yíyíílta. Náhást'éidi miil dóó bi'ąą t'áałáhádi neeznádiin dóó bi'ąą dį́į́'ts'áadah lá, áko ndi banída'ajih yiniiyé Tséhootsooígi kįįh ńdaakahígíí t'éiyá jííłta lá. Lą'í t'áá bídin 'ajííłta. Jó 'éí doo Tséhootsooíjí ndaakai dago 'éí bąą.

'Áádóó díí Bilagáana Mr. Keams wolyéé ńtéé' ha'nínígíí t'áá diné ła' siláago danlį́įgo

Diné yaa 'ádahalyą́ą́ dooleeł níigo yiniiyé niinínil. 'Áko ndi 'éí t'ááłá'í nááhaijį́' daats'í sinilgo nihoolzhiizh.

'Áádóó 1876 yę́ędą́ą́' naghái shádi'ááh bich'iji Naabeehó bikéyah bibą̨ąh góyaa kǫ' na'ałbąąsii bá béésh dilt'ééh hodoo'niid. 'Éí 'ákót'éego Diné naat'áanii danilíinii bił dahóóni. Béésh ńt'i' niilyúú dóó 'ałts'ą́ąhjigo daashį́ nízahjį́' kéyah béésh ńt'i' bileezh wolyéego sinil dooleeł. 'Éí díí kéyah 'ałts'ą́ąhji t'ááłáhádi tsin naaztą́ągo dadik'ą̨ągo naazniligíí bił 'ałta' nínilgo sinil dooleeł. 'Íídą́ą́' 'ákót'éego béésh ńt'i' kéyah baa dahidit'aah ńt'éé' Wááshindoondę́ę. Díí kót'éego béésh ńt'i' kéyah baa deet'ánígíí Naabeehó dine'é dayiinii'go yaa saad dahasłį́'.

Hwééldi hoolyéégóó t'ahdoo da'dinéhę́ędą́ą́' kodi haashį́ honiłtéelgo kéyah Naabeehó dine'é t'áá shiidą́ą'dii yikáá' kéédahat'ínę́ę t'áá bi'oh 'áhoniłtsogo bá 'ahééhoodzo ha'nínę́ę t'áá 'aaníí 'ákódzaa. 'Íídą́ą́' díí Diné kéyah bá 'ahééhoodzooígíí doo bił béédahózin da. Ts'ídá hoodzo gónaa doo bééhózin da. Doo hazhó'ó yaa halne'é da. 'Ako Diné t'óó 'ahayói ńléí kéyah bikáá' t'áá yá'ádahoot'ééhgóó ndahaazná. 'Índa ła' t'áá shiidą́ą'dii ninádaa'néhę́ęgóó ninádahaas'ná. 'Ako shį́į́ 'ákódaadzaago Diné lą'í hoodzo tł'óo'di ndahaaznáá lá. 'Áádóó díí kéyah náhásdzooígíí dó' t'áá hazhó'ó kóhoníshéígo náhásdzo. 'Ako Diné, dibé 'índa łį́į́ da yił k'ee'ą̨ą dínéest'ą̨ągo kéyah yę́ę bi'oh neel'ą silį́í. Béésh ńt'i' bileezh dooleeł ha'níigo kéyah hasht'e' ndahideest'ánę́ę Diné ła' t'áá shiidą́ą'dii yikáá' dabighan t'áá níwohdę́ę. Háálá 'éí ła' bikáá' ch'il t'óó 'adahayói dóó tó da bikáá' bee 'áda'azįidgo 'éí bąą. 'Ako díí ła' Diné t'áadoo deiniihí béésh ńt'i' baa dahideest'ą́. 'Éí 'ákódzaa dóó t'áá 'ako Dinéhę́ę níwohjį́ dabi'doo'niid. Kéyah nihá náhásdzo yę́ę biyi'góó nikéédahoh'nééh ḑaho'doo'niid. Kéyah doo t'áá 'éí t'éiyá bik'ihodi'noolkaad da. Nááná-łahgóó kéyah naaznilii, doo béésh ńt'i' bileezh da ndi ła' bik'i dahodi'niiskaad. 'Éí Bilagáana bilį́į́ dahólóonii 'ádahał'į. 'Áádóó Naabeehó danilíinii dó' díí k'ad Diné na'aldloosh yił k'ee'ą̨ą dínéest'ánígíí t'áá bił béédahózin.

Kodóó doo 'asohodoobéézhgóó kéyah t'éiyá baa dahwiinít'íigo hodeeshzhiizh. Kéyah ła' nihá bínéidoot'ááł daha'niigo.

'Éí 'aadóó 'ákódzaa dóó kéyah ła' bá bínídaniidee' silíį. 'Áko ndi kéyah ts'ídá doo yá'ádaat'éehi, doo ha'át'íi da bikáá' hóle' 'ádaat'éii t'éiyá hach'į' kónídaalyaa. 'Áko díí náhásdzo biyi'gi t'éiyá Naabeehó 'áłah 'óólzin dooleeł ha'ní. 'Áko ndi kéyahígíí bee 'iiná doo biighah da.

Hwééldi hoolyéédéé' nináda'iis'náá dóó Diné dibé bee dahazlíįgo ła' t'áadóó le'égóó 'ák'inídadidiikai. Bilagáana da yił 'ahaa nda'iilniih hazlíį. 'Aghaa', 'índa diyogí da 'ádeiłíįgo kįįh dayiijááh daazlíį. Hwééldidéé' nináda'iis'náá dóó neeznáá daats'í nááhaigo Naabeehó táá'ts'áadahdi miilgóó noot'íįł hodoo'niid, 'índa na'aldloosh t'ááłáhági 'á-t'éego k'ee'ąą deinééłt'įįh.

'Áko díí k'ad kót'éego Diné na'aldloosh yił k'ee'ąą noot'įłígíí bąągo kéyah yéę doo sih da silíį. 'Áko 'aadóó kéyah ła' nihá bínéidoot'ááł ha'niigo baa saad 'aghą́ągo hodeeshzhiizh. 'Íídą́ą́ Bilagáana t'ah doo łą'í ndahanéeh da. Hwééldidéé' nináda'iis'náá dóó naakits'áadah daats'í nááhaigo 'índa Bilagáana ndahanéehgo yaa ńdiikai. 'Éí 1880 yéędą́ą́. 1881 yéę-dą́ą́ 'éí kọ na'ałbąąsii béésh bá dilt'éehgo baa ní'diildee'. 1882 yéędą́ą́ t'ah baa na'ildeeh. 'Éí díí naghái Na'nízhoozhí góyaa dóó ńléí Kin Łání góyaa béésh 'íit'i'ígíí 'íídą́ą́ niilyá. Atlantic and Pacific Railroad wolyéego niilyá.

1879 yéędą́ą́ t'áadoo ndahałtini náánáásh. 'Áko t'áadoo nínááda'neest'ąą da. Dibé dó' ła' bits'ą́ą́ bináádahidínéezdee'. 'Áádóó t'áá 'éí 'aak'eego Diné ła' ba'áłchíní 'ólta'jį' ndayiiznil. 'Áko 'éí Tséhootsooígi hashtł'ish bee kin nichxǫ́ǫ́'í léi' yii' da'ólta' ńt'éé'. 'Éí naadiin tseebíí nááhaiídą́ą́' daats'í kin niit'ąą ńt'éé'. 'Éí bii' 'ólta'. Kin bii' 'ólta' dooleełii ła' ndoot'ááł ha'niigo bee nihoot'ą́ Wááshindoon-déé', 'aadóó béeso bee nda'doonishii yéę t'áá 'ádingo hodideeshzhiizh. 'Áádóó ts'ídá kwii nahalzhiishgo 'ałdó' t'áá yéego Naabeehó ła' Naasht'ézhídi kįįh ńdaabah náádaasdlíį. Naakaii da na'aldloosh yee deini'įįhgo yaa

nínáádiikai. Íídą́ą́' Hastiin Ch'il Haajiní yéę dóó Tótsohnii Hastiinéę da Diné binant'a'í dajílíįgo 'ákót'éego Diné yaa nínáádiikai. 'Áko 'éí t'áá yéego hoda'diił'áago biniinaa haa'í lá doo ndajiskai da t'áá kwii. Diné t'áá yéego 'ádináádahodidoolt'ih sha'shin dajiníigo. T'áá Diné siláago ła' biniiyé ndajiznil ńt'éé' 'éí t'áadoo yísih da. T'ááłáhági 'át'éego Diné ndaabaah. 'Aadóó Diné binant'a'í dajílínéę doo hoł dahóózhǫǫdgóó t'áá hó diné ńléí nichxǫ́'ígo nitsídaakeesii, bida'iiníziinii baa nízhdiikai. 'Iiníziin t'óó bił ndaólnii ndi ła' ndaaztseed. Da'ni'įįhii dó' díkwíí shį́į́ ndaaz-tseed. 'Áko t'áá 'át'égo diné dízdiin dóó bi'ąągo naaztseed. Ch'íníłį́į́í Hastiin Biwos wolyéego Diné yinant'a'í nilį́į ńt'éé' 'éí dó' be'iiníziin lá ha'níigo 'atah seesyį́ jiní. T'áá 'éí Hwééldidi naaltsoos bee 'aha'deet'áanii 'atah yee lá 'asłį́į́ ńt'éé'. 'Éí k'ad naaltsoos sání dabidii'níigo ndanideehígíí bikáá' Muerto de Hambre wolyéego bízhi' bikáá'.

1880-góó yihahgo t'ah ndi t'ááłáhági 'át'éego Diné bidibé 'índa łį́į' da yił nááś noot'íįł. Kéyah dó' ła' bá bínídeidzogo t'áá hótsaa hazlíį. 'Áko ndi doo sih da. Diné k'ee'ąą noot'íįł, 'índa na'aldloosh k'ee'ąą noot'íįł 'éí bee 'át'é. 'Aadóó ch'il t'áá háá-hinoojah ndi 'ałch'į' yída'deezgháázh. Ch'il yéę 'áádįįłgo hodideeshzhiizh. 1881 yéędóó ńléí 1884 yéęjį' t'áá 'iiyisíí ndahałtingo 'anááhoolzhiizh. 'Áko díí ch'il behétł'óól łeezh bee doołdził yéę 'ádingo biniinaa łeezh yéę hidii'eeł hazlíį. 'Éí 'áádóó 'ákót'éego cháshk'eh hats'ózí hááłnii'. Níwohdéę 'éí doo 'ákót'ée da łeh ńt'éé'.

1879 yéędą́ą́ Tséhootsooígi 'ólta' 'áhodool-nííł ha'niigo hodideeshzhiizh. 'Éí 'áádóó naaki nááhaigo 'índa kin bii' 'ólta dooleełígíí niit'ą́. 'Íídą́ą́' bá'ólta'í danilíinii doo k'ad 'át'éhígi 'át'éego sinil da ńt'éé'. 'Éé' neishoodii danilíi-nii łahgo dah yikah be'elnihgo 'éí bá da'ólta'. T'áá bí bá'ólta'í ndayiinííł ńt'éé' 'íídą́ą́. Jó 'éí 'áádóó t'áá yił t'áá bíji' binahagha' danilíi-nii yee nda'nitin ńt'éé' 'ałdó'. 'Áko 'éí 'íídą́ą́ Tséhootsooígi 'ólta' 'áhoolyaago 'éé' neishoo-dii bi'éé' 'ádaałts'íísí danilíinii Presbyterians wolyéhígíí baa deet'ą́ągo 'éí 'íídą́ą́' bá da'ólta' ńt'éé'.

Tséhootsooígi 'ólta' 'áhoolyaago 'áłchíní t'áá naadiiní daats'í da'ólta' ńt'éé'. Díí shį́į́ t'óó hólago 'ákwii ndaakai. 'Íhwiidoo'ááł doo yiniiyé 'ákwii ndaakai da. Siláago binant'a'í Capt Burke wolyéé ńt'éé' 1881 yę́ędą́ą́' 'ólta yaa naneeztą́ą́ jiní. Nt'éé' ts'ídá t'áá 'iiyisii t'óó bahoo'ih lá ní jiní. Ts'ídá t'áá 'ałtsoní bee bąąh dah haz'ą́ą́ lá. 'Índa 'áłchíní 'ólta'ji̜ ndaha'níłígíí ndi t'óó 'éé' baa daha'nííł dóó t'áá 'áko yee yóó' 'anáhájeeh lá. 'Índa Diné 'ałdó' ńléí 'áłchíní naa'nil da danilínígíí t'éiyá 'ólta'ji̜ ndayiinííł lá. Bąąh dah nahaz'ánígíí da. 'Áko 'áłchíní doo bąąh daatéehii 'índa dahóyáanii 'éí yaa danichį. 'Éí na'nłkaad daaniigo yaa danichį. Kót'éé lá, 'akon.

Kéyah baa hwiinít'íinii yę́ę hadínéezt'i' sili̜í'. Hoodzo tł'óo'di tó, 'índa tł'oh da dahólǫ́ǫ́góó Diné kéédahat'įįgo haa shį́į́ nízahdę́ę́' hoolzhiizh. Béésh ńt'i' niilyáá dóó 'índa Bilagáana ndahanéehgo yaa nídiikai. Diné bihoodzo bitsį́į́góó da kéyah bikáá' t'áá yá'ádahoot'éhígíí ńdayiiláahgo yaa ńdiikai. Naaltsoos bee bá 'ádaalne'go. 'Azhą́ Diné ła' t'áá shiidą́ą́'dii 'ákwii kéédahojit'í̜í̜ ńt'éé' lá ndi t'óó nahji̜' hadahó'diidzíiłgo baa na'asdee'. Diné shį́į́ 'ałdó' t'áá 'ákót'éego naaltsoos bee bá 'ádaalne'go kéyah yikáá' dabighanii bíí' daazlį́į́' dooleeł ńt'éé' t'áá bił béédahózingo. Bilagáana 'éí bił béédahózingo doo bá ndanitł'agóó bikéyah dahazlį́į́'. 'Éí 'ákódaadzaa dóó kéyah t'éiyá 'aghá nahalingo baa saad 'aghą́ągo hodideeshzhiizh.

Hastą́diin dóó bi'ąą táá' nááhaiídą́ą́' (1887 yę́ędą́ą́') 'éí 'ayaayááh hodiniih dahóóghą́ą́'. 'Íídą́ą́' t'áadoo ts'ídá nízaad nihoolzhíshí Naabeehó t'ááłáhádi míil yilt'éego daats'í 'ákót'éhígíí 'ábísdįįd ni'.

Diné bihoodzo biyi' díkwíigo da t'áá dahótsaago tók'eheshchíín 'ádaalyaago Diné hoodzo tł'óó'dę́ę́' yah 'ańdahidoo'néeł sha'shin hodoo'niid. 'Áko 'áádóó béeso bee nda'doonishii Wááshindoongóó yéékeed. Tséhootsooígi Bilagáana Diné yinant'a'í nilį́į́go sidáhígíí béeso yiyííkeed. 'Áko ndi t'áadoo

béeso hach'į' ch'é'nílí díkwíí shį́į́ nááhai. 'Áko 'índa béeso naadiin 'ashdladi mííl há nii'nil. 'Éí 1886 wolyéego yihah yę́ędą́ą́'. 'Éí ńléí Béésh Łichíi'ii Bigiizh, 'índa Tsééhíli̜igi da dahoolyéégóó, 'índa Ch'ínílį́í góyaa dóó Tséhootsooígi dó' bee nda'azhnish. 'Íídą́ą́' 'ákót'éego tók'eheshchíín 'ádahoolyaa Diné bikéyah bikáa'gi. 'Aadóó tsosts'id nínáánááhaiqo (éí 1893 yę́ędą́ą́') béeso hastą́diindi míil bíighahgo ch'ínááná'nil. 'Éí tó dah dahatł'o'ígíí bee bininááda'doonish biniiyé. Bilagáana ła' bik'ehgo nda'doonish biniiyé Wááshindoondę́ę́' yíl'a'. 'Éí t'áá 'ákót'éego naanish ła' daadzaa. 'Áko naaki daats'í nááhaigo dá'deestł'in 'ádaalyaa yę́ę 'ałtso 'adahaaz'éél. Jó 'éí díí há na'azhnishii doo t'áá 'ałtsogo hoł 'ééhózin dago, 'éí shį́į́ bąą 'ádzaa.

1887 wolyéego yihah yę́ę biyi' Indians danilį́inii ba'áłchíní t'áá 'ałtso 'ólta' bínídzod dooleeł ha'níigo Wááshindoondi bee haz'áanii 'ályaa. T'áá 'éí bik'ehgo Bilagáana Dana L. Shipley wolyéego Tséhootsooígi naat'áanii nilínę́ę 'áłchíní 'ólta'ji̜ ndahohnííł níigo Diné yitahgóó nikidiiyá. 'Éí 'ákót'éego yiniiyé naagháago 1893 yę́ędą́ą́' Tsénikání hoolyéegi ch'íbidi'yeelghan. Hastiin léi' Bilį́í' Łizhinii wolyéé ńt'éé' baa'ní'eezhgo 'éí ch'ídabiisxan. 'Éí 'áádóó Diné t'áá bizéé' ndei'áago Bilagáana yę́ę t'óó dah nídiidzá. Hááji shį́į́ násdlį́į́' hóla.

'Éí 'ákódzaago Bilagáana yę́ę 'anáádzáá dóó Bilagáana náánáła' Siláago Yinant'a'í nilį́į́go Edwin H. Plummer wolyéé léi' náánádzá. 'Éí Diné yinant'a'í náánásdlį́í'. Díí Bilagáana náánádzáhígíí 'índa t'áá hazhó'ó t'áá yéego 'íiłta' lá. 'Índa bibéeso da t'áá dahólǫ́ǫ́ lá. 'Éí níyáá dóó 'índa t'áá hooshch'i̜' yá'át'éehgo 'adeezh'eezh. Wááshindoongóó bídahólníihii yich'į' naaltsoos 'ííł'ínę́ę t'ah ndi Tségháhoodzánígi ła' sinil. 'Éí ła' kwii nihił ch'ídadoot'ááł. 'Áko 'áníinii nihił béédahodoozįįł. Díí Bilagáana Plummer wolyéé ńt'éé' ha'nínígíí Diné yinant'a'í nilį́į́go táá' daats'í binááhai. 1893 yę́ędą́ą́' níyáago 1896 yę́ędą́ą́' 'anínáánáádzá.

Díí Bilagáana kwii naat'áanii nilínę́ędą́ą́'

t'áá łáágóó binaanish tádíít'i' silį́į́'. 'E'e'aah bich'ijí Diné bikéyah yaa nihoneel'áníjí tsík'eh. 1875 yę́ędą́ą́' k'ad 'Oozéí Hayázhí hoolyéhé góyaa Gáamalii ndahaaznáá lá. 'Ákóyaa tó nílínígíí shį́į́ hadeidees'į́į́go 'ákwii nihikéyah dooleeł daaniigo 'ákwii ndahaazná. 'Íídą́ą́' shį́į́ 'ei k'ad Tónaneesdızí hoolyéegi kin sinilígíí ndeiznil. 'Íídą́ą́' kin ła' nii'nilgo Tuba City hoolyéé dooleeł hodoo'niid jiní. 'Oozéí Hasánídoo kiis'áanii ła' Tivi wolyéé ńt'éé' 'éí bee bééhániih dooleeł ha'níigo shį́į́'ákót'éego yéego yééji'. Díí kiis'áanii Tivi wolyéé ńt'éé' ha'nínígíí 'íídą́ą́' Kiis'áanii yinant'a'í nilį́į́ ńt'éé' jiní. Gáamalii binant'a'í Jacob Hamblin wolyéé ńt'éé' 'éí ńléí Soolééh hoolyéégóó yił ninásht'áázh jiní. 'Íídą́ą́' shį́į́ kodi Naabeehó Kiis'áanii yił kéyah 'ałghadeidit'áahgo. Gáamalii dó' łahdę́ę́' kéyah nihí daaniigo kwii kéyah baa saad 'aghą́ągo ná'ahóónáád. 'Éí 1892 yę́ędą́ą́' ákót'éego kéyah baa saad 'aghą́ągo hahoolzhiizh 'áájí. T'áá 'éí biniinaa Naabeehó ła' Chách'osh wolyéé ńt'éé' Gáamalii ła' yiyiisxį́ jiní. Gáamalii Lot Smith wolyéé ńt'éé' seesyį́ jiní. Díí k'ad Bilagáana Lt. Plummer wolyéégo Diné yinant'a'í nilį́į́ ńt'é'ę̄ t'áá yéego binaanish silį́į́'. Díí 'ádahóót'įįdígíí naaltsoos náánáła' bikáa' hazhó'ó baa hodoonih.

—o—

Díí naaltsoos 'álnéhígíí 'éí naghái Tsénikání hoolyéedi Bilį́į́' Łizhinii yę́ę Bilagáana Naat'áanii Yázhí wolyéé ńt'éé' nayiisxanę̄ę̄ baa hane'go bee 'álnééh. Jó 'éí 1892 yę́ędą́ą́' 'aak'eego 'ádahóót'įįd. Hwééldi hoolyéédę́ę́' nináda'iis'náá dóó wóshdę́ę́' Naat'áanii Yázhí wolyéhę́ę Diné yá neezdáají'. Diné bikéyah bikáá' 'ádahoot'éhígíí 'éí t'áá 'ádahoołts'íísíçǫ t'óó ch'ídaast'ánígo bee hane' deezt'i' silį́į́'. Jó díí 'íídą́ą́' 'áádę́ę́' kéyah bikáá' 'ádahoot'éhę̄ę̄ baa hóone'ígíí t'óó bee 'ééhózin biniiyé. 'Éí ga' biniinaa Tsénikání hoolyéegi Diné kóda'ahool'įįd lá hwiidínóodzįįłígíí t'éiyá biniiyé.

Bilagáana Naat'áanii Yázhí wolyéhę́ę 1892 yę́ędą́ą́' 'aak'eego Níłch'its'ósí wolyéego ńdízídígíí naakigóó yoołkáałgo Wááshindoon-

góó naaltsoos 'áyiilaa lá 'íídą́ą́', Wááshindoondi Kéyah Yinant'a'í nilį́į́ ńt'é'ę̄ę̄ yich'į'. 'Éí naghái Tsénikání hoolyéego diné ła' Bilį́į́' Łizhinii wolyéhę́ę yił na'ahiisghan yę́ę yaa halne'go naaltsoos 'áyiilaa lá. Jó k'ad kwii naaltsoosígíí hazhó'ó baa hodoonih. 'Áádóó naaltsoos díkwíí shį́į́ t'áá 'ákót'éego bee ndaneezdee'. 'Éí dó' ła' kwii bikáá' nidoo'nił. 'Áko 'éí bee Bilagáanají dahalne'ii nihił béédahózin dooleeł díí Tsénikánídi 'ádahóót'įįdígíí. 'Índa 'íídą́ą́' 'ádahoot'éhę̄ę̄ dó' bee nihił béédahózin dooleeł. Jó kóníigo naaltsoos 'áyiilaa lá.

"Navajo Agency, N. Mex., Nov. 2, 1892 Hon. Comm. of Ind. Affairs, Washington, D. C. Sir:

"Tsénikání hoolyéedi Naabeehó bił 'ahinídiishjéé' dishníigo naakiiskánídą́ą́' 'akǫ́ǫ́ béésh łichíi'ii bee dahane'ígíí bee nich'į' hane' iishłaa yę́ę biniiyé k'ad 'akǫ́ǫ́ nich'į' naaltsoos 'ánáánáshdléeh.

"Kwii Tséhootsooígi 'ólta' 'áhoolyaaígi Naabeehó ba'ałchíní ndeidiyoo'ish nisingo kodóó dah diiyá, Tsénikání nahós'a'dę́ę́' 'ałchíní t'ahdoo ła' ndajíłteeh da nisingo 'ákǫ́ǫ́ dah diiyá.

"Diné ła' Chíí' wolyé, Tsénikánídi binaalye'é bá hooghan, 'éí shá 'ata' halne' biniiyé bił dah dii'áázh. Siláago dó' tsosts'id yilt'éego. Bá'ólta'ígíí dó' ła'. Tséhootsooídóó náhookǫsjigo 'ashdladiindi tsin sitą́ągi Tsééhílį́ hoolyé 'áadi niikai. 'Áádóó táágóó 'ałts'ániikai. Siláago ndilt'éego naghái Dził Ná'oozíłii hoolyéégóó yaa dah dii'áázh. Shá 'ata' halne'ii yę́ę dóó diné ła' 'ánihwii'aahii nilį́igo 'éí kojigo Tséyi' hoolyéejigo dah diikai. 'Éí 'áájí dó' dahooghangóó tádidookah biniiyé. Shí 'éiyá koji' t'áá yidziihígíí t'áá k'éhózdon Tsénikání hoolyéé góyaa bił dah diishkai.

"Naghái Dził Ná'oozíłiidę́ę́'go Diné ła' Bilį́į́' Łizhinii wolyé 'éí shį́į́ díí kodi Tsénikání hoolyéedi 'ałchíní bíká na'ash'eeshígíí yiyíinii'. 'Éí Diné doo ha'át'éego da ntsídaakeesii 'ałchíní ła' yee hadaasdzii'go 'éí t'áá 'aaníí 'ákǫ́ǫ́ bíká niikai. Bilį́į́' Łizhinii wolyéii shį́į́ kót'éego yiyíinii'go t'áá 'ákó 'aadę́ę́' tsiłkéí ła' shich'į' dah yidii'éézh. Baa ńdiisdzáii yich'ą́ą́h ndookah yiniiyé.

'''Áadi shaa'ní'eezhgo wóne'é yah 'íí'eezh hazhó'ó t'aadoo le'é nabik'íyádadiiltih biniiyé. 'Éí 'ákódzaa dóó hazhó'ó bił nahosisne'. Yá'át'éehgo niha'ałchíni baa 'ádahayą́ą dooleeł 'ólta'di bidishní. 'Áádóó díí Naabeehó Dine'é ńléí Wááshindoondę́ę́' t'aadoo le'é bee 'idahónéedzáanii nihá baa 'atídahat'į, éísh doo béédaałniih da hodishní t'áá jíl'áá ńt'éé'. 'Índa ńléí Hwééldi hoolyéédę́ę́' Naabeehó wolyéii ba'át'e' yóó' 'adeideez'ą́, k'ad doo baa 'ayahoolni da ha'níigo Wááshindoon nihéé'nílnii'. Yę́ę́ni díí k'ad baa na'í'eeshígíí beegogo Naabeehó t'áá yíl'áá ńt'éé' doo bá yá'át'éehgóó 'ánít'į bidishní Bilį́į́' Łizhinii. 'Áádóó díí 'ólta' haz'ą́gi t'áá haashį́į́ nízahgóó bee bich'į' haasdzíí'. 'Ólta' wolyéii náás hodeeyáágóó yá'át'éehgo niha'ałchíní yee náás dayíkáah dooleeł dishníigo bee bich'į' haasdzíí'. 'Áádóó díí k'ad bíní' niha'ałchíní da'ólta' nihi'di'níigo Wááshindoondę́ę́' nihich'į' ch'éhét'éehii doo bida'oołaa dago, 'índa shí kodóó 'ánihidishnínígíí doo bida'oołaa dago biniinaa t'áá 'ádidahodidoołt'ihgo 'át'é bidishní Bilį́į́' Łizhinii. 'Áko ndi doo yiyíists'ą́ą́'góó t'óó shígo 'ałchíní shaa dahohnííł níigo yee shich'į' niiltee'. 'Ólta' wolyéii doo daniidzin da. Tséhootsooídi 'ólta' ha'nínígíí t'óó 'ałch'į' 'ándoolnííł . . . 'Índa Diné t'aadoo yah 'adaha'níłí dooleeł . . . 'Índa díí Indians bi'oonish ha'nínígíí t'áá 'át'é níwohjį . . . Wááshindoon 'áníinii doo daniidzin da, 'índa díí Tséhootsooígi Naat'áanii jílínígíí doo dahoniidzin da. Háádę́ę́' shį́į́ jiniyá. 'Ákǫ́ǫ́ nikééédzódza'. T'aadoo 'ádziidzaa dago dahodiyiilyééł shiłní. 'Áádóó kojį' kin da 'ádaalne' ha'nínígíí, 'índa bee na'anishí da daha'níigo nihich'į' dah dajiniłígíí doo daniidzin da. 'Índa naalyéhé báhooghan da dajiníigo bił ndajiinéhígíí dó' dooda dooleeł. 'Áádóó díí Naabeehó niidłíinii kojį' kééhwiit'íinii niha'ałchíní doo ła' 'ólta'jį' nináádiiltééł da,'' níigo hááhgóó shį́į́ díí diné yił naakai yę́ę yináál yáálti. Wónáásdóó 'aadę́ę́' shich'į' dah diijéé'. 'Ałts'ą́ą́ dasisiłgo tł'óó'góó ch'ídasiisxan. Tł'óo'di hááhgóó shį́į́ ndashineests'in. 'Áadi 'índa t'áá Diné 'ayói da

'át'éé léi' shíká 'eelwod. Siláago bił naashkai yę́ę dóó Chíí' dóó naalyéhé yá sidáhí dó', 'éí t'áá 'ałtso shíká 'ííjée'go 'agháádashistį́ dóó naalyéhé bá hooghan góne' shił yah 'anáájéé'.

'''Éí 'ákódzaa dóó t'áá 'ako tsésǫ' 'índa dáádílkał da t'aadoo le'é bich'ą́ą́h dadziztł'in. 'Aadóó 'índa kin da nihił yiih dahodidoonił ha'níigo biniiyé hasht'e' 'ádadiilyaa. 'Áko hááhgóó shį́į́ tł'óo'di hahóół'á yiits'a' Bilį́į́' Łizhinii bich'ooni yił.

'''Áko nihi' doo niidlą'i da. Bee'eldǫǫh danineezígíí t'áá naakíhi. Bee'eldǫǫh yázhí dó' hólǫ́ǫ ndi bik'a' t'áá 'ashdladiini daats'i. 'Áko tł'óo'di hááhgóó shį́į́ Diné dadilwosh yiits'a'. ''Bilagáana diyoolyééł. T'áá 'át'é ndooltsił,'' daaníigo hááhgóó shį́į́ hahóół'áiits'a'. 'Áko díí k'ad t'áá 'aanii nihida'niighą́ą́' ńt'éé' sha'shin. T'áá shǫǫ siláago bił naashkai yę́ę ła' łį́į́' yik'i dah neeshjį́į́d dóó łį́į́' bił dah yiite'.

'Éí ńléí náánáłahdi naadiin 'ashdladi tsin sitą́ądi Tsééhílį́ hoolyé 'áadi Siláago Binant'a'í Lt. Brown wolyé, 'éí 'áadi na'a'eeshgo 'éí yaa níyáá lá. Kodi nikihodineeltą́ągo biniinaa t'aadoo kin nihił deidiiłtła da. Kin nihił deidiiłtłago shį́į́ t'aadoo ła' yisdéiidzáa da dooleeł ńt'éé'.

''Tł'óo'di hááhgóó shį́į́ Diné bá dahachį' yiits'a'. T'áá 'íídą́ą́' 'ałtso ndadiiltsił ńt'éé' léi' daaníigo yik'édi ńdaadleeh yiits'a'. K'adę́ę hanii haada danihilééh t'óó daniidzingo wóne'é shiijéé'. T'áá 'ákót'eego tádiin dóó bi'ąą hastą́ądi daats'i 'ahéé'ílkid. Shí 'éí kodóó t'aadoo le'é da bee nósh'aahgo t'áá 'ánídahodiilzih.

''T'óó doo 'asohodéébéezh dago Siláago Binant'a'í Lt. Brown wolyéii bisiláago neeznáá yiní'eezh. Kodóó hane' 'ajíí'ánę́ę shį́į́ ha'át'eego hojoolne'go biniinaa doo hah yíkai da. 'Áko ndi yíkaigo t'áá hazhó'ó nihii' háádahwiisdo. 'Áádóó Bilį́į́' Łizhinii 'ání díí siláago nihitah doonééł ha'nínígíí 'éí dooda. Hóla, haashį́į́ yit'éego yaa ntsékees dooleeł Siláago Binant'aí General McCook wolyéhígíí hałní 'éí Lt. Brown wolyéhígíí. Díí k'ad Diné bił 'ádéínít'įidígíí t'áá doo 'asohodoobéézhgóó bee

'ádąąh dah dahosooht'ąągo 'át'é hałní. 'Áá-
dóó Wááshindoon siláago yisnilígíí bik'ioojéé'
lá hałní. Díí aajį' 'ákót'éego 'ałch'į' hadadzis-
dzíí' dóó t'áá 'ákódí silįį'. Siláago bił naashkai
yéę ła' bitsiits'iin ńdoolghaal lá. Shí 'éí shí-
chįįh deists'il dóó shikáá'góó t'áadoo 'ééhózini
c̓aneezgai.

"Díí k'ad Diné siláago danilínígíí Chíí' lá,
Chai'loh'et *lá, 'Isch-bia-sian-ny* lá, 'índa
Be-kud-dy daolyé. 'Éí t'áá 'ałtso shíká 'íijée'go
'ałchíní tádiin dóó bi'ąą dįį' shódeisiilt'e'.

"Díí Diné bąąhági 'ádáát'įįdígíí t'áadoo
ha'át'éego da baa hwiiníst'įįd dago náásgóó
t'áá baa honitł'a dooleeł. Biniinaa 'ólta' doo
k'íhinitáa da dooleeł sha'shin. [2]

Díí k'ad ńlááh Tsénikání hoolyéedi t'áá doo
'asohodoobézhigi 'áhóót'įįdígíí bąągo Shash
Bitoodóó siláago ła' neeznáa doodaii' 'ash-
dla'áadahgo da 'áadi ndoo'nił. 'Éí t'áá 'ákó-
t'éego Siláago Binant'a'í bich'į' naaltsoos bee
'íishłaa. Bikiin dooleełii da t'áá dayínóheeh
dooleeł bidííniid. Háálá 'éí t'áá 'áadi daho-
doohah. 'Índa kwii Tséhootsooígi dó' ła'
ndoo'nił siláago. Jó ákót'éego t'éiyá doo ła'
yéego 'atínááda'ahidoolníił da. 'Áádóó Bilįį'
Łizhinii dó' bich'į' 'i'ííł'a. 'Áádéę' kwii Tsé-
hootsooígi shaa dookah bidishníigo. Shaa doo-
kah daats'í, hóla. T'áadoo shaa yíkai dago 'éí

────────────

* Díí yízhí doo hózhǫ́ béédahózingóó bik'i da'ashchį.
Ha'át'íí shį́į 'ádaat'éé ńt'éé' sha'shin.

[2] Díí Naat'áanii Yázhí wolyéé ńt'éé' ha'nínéę dó' ts'idá
k'asdą́ą́ t'áá kót'éego Shash Bitoo hoolyéedi Siláago Bi-
nant'a'í sidáhą́ą yich'į' naaltsoos 'áyiilaa lá. 'Éí łahgo
kóníigo yikáá' 'áyiilaa lá.

". . . . . . díí k'ad kót'éego ts'idá t'óó baa yáhásinígi
'át'éego bee shaa na'asdee'ígíí t'áadoo ha'át'éego shá
bik'i yáhodeezti dago 'éí díí hastiin Bilįį' Łizhinii wolyéii
bíni' Tséhootsooígi naat'áanii yileeh 'ałdó'. Shí 'éí t'óó
nahgóó kódeeshnííł. Wónáásdóó daats'í t'áá bí Indians
yinant'a'í dooleeł."

"Díí k'ad hastiin Bilįį' Łizhinii wolyéhígíí ts'idá t'áá
bínizínígi 'át'éego diné neiniyood dóó ts'idá t'áá bínizíní-
gi 'áát'įįł. T'áá ńléí háádéę' shį́į 'ákót'éego yaa deeyáago
k'ad ts'idá t'áá 'iiyisíí doo yits'íídgóó naaghá. Yaa naa-
gháá shį́į doo baa'ih noozįįh 'át'éego t'áátáhági 'át'éego
yaa yigááł. Diné shį́į t'áá yá'át'éhígi 'át'éego Bilagáana
yich'į' nitsídaakees ndi díí ha'át'íí hastiin shį́į yéédaal-
dzidgo biniinaa t'óó yikéé'góó danilį́. Tsiłkéí t'óó 'ahayói
'ádeidii'nilgo yee diné yik'idiyaa nilį́. 'Éí bąągo ts'idá
t'áá kįįh yidlóozgo t'éiyá yá'át.éeh dooleeł dóó ts'idá
bą́ą́hílį́į góne' bee bá nihidoot'ááł," jó kót'éego naaltsoos
'áyiilaa lá.

ńléí hááji da nízaadgóó bi'doolnih. Doodaii'
nízaadi háadi da 'awáalya dahólǫ́ǫ́góó doo-
t'ishgo bíni' 'áadi 'awáalya naháaztą́ą doo-
leeł." Jó k'ad kót'éego Wááshindoongóó naal-
tsoos 'áyiilaa lá.

Wááshindoongóó naaltsoos 'áyiilaa dóó
neeznáá daats'í náánéíską́ągo Shash Bitoo
hoolyéégóó siláago ła' yókeedgo naaltsoos
'ánááyiidlaa lá Siláago Yinant'a'í yich'į'. Bilįį'
Łizhinii wolyéii siláago ła' yich'į' dookahgo
'áádéę' kįįh deidoodzį́į́s níi lá. Bilįį' Łizhinii
bich'odaaníinii da t'áá 'ałtso kiih dínóolkał
níigo yiniiyé siláago yíká naaltsoos 'áyiilaa lá.
Kóníigo, "Naakigóó yoołkáłéędą́ą́ siláago ła'
níinishkeedgo naaltsoos nich'į' 'iishłaa yéę
biniiyé naaltsoos nich'į' 'ánáshdlééh. Bilįį'
Łizhinii kodi nich'ooni Tsénikání hoolyéedi
yił dahóółchį' yéę bił kįįh díikah bidishníigo
bich'į' hane' 'iishłaa ńt'éé'. Ńt'éé' doo t'áá
k'ad hach'į' kįįh yíyáa da shiłní jiní. 'Áádóó
siláago ndayólíigo yiniiyé hasht'edadi'néeh lá
jiní. Ńléí tooh nílínígíí biniit'aají bee'eldǫǫh
bik'a' ndayiiłniihgo yiniiyé ndaakai lá jiní.
Diné Dziłíjiin hoolyééji kéédahat'ínígíí dó'
'ahiih dii'néél deiłníigo yich'į' 'ałnáádaakah
lá jiní. 'Éí kodóó diné 'ííł'a' yéę 'ákó:'éego
shił halne'.

"Díí k'ad Bilįį' Łizhinii 'índa Diné yił kéé-
hat'íinii doo dashíists'ą́'ígíí dóó Diné binan-
t'a'í nishłį́į ndi doo yił da'ółta' da nahalinígíí
bąągo k'ad siláago ła' nínéínishkeed. Bilįį'
Łizhinii yich'į' dookahgo 'áádéę' kwii shá
ńdeidoolóós. Diné yił 'ádaat'íinii dó' t'áá bił."
Jó 'akon 'akót'éego naaltsoos 'áyiilaa ńt'éé'
lá.

Díí k'ad kót'éego Tséhootsooídóó Naat'áa-
nii Yázhí yéę Shash Bitoogóó siláago yiyííkeed
ndi Siláago Binant'a'í 'áádéę' t'áadoo ha'á-
t'éego da bá yik'iyádeesti da lá. T'áá 'éí
ńdízídígíí biyi' hastą́'áadahgóó yoołkáałgo
Shash Bitoogóó naaltsoos 'ánááyiidlaa lá
Siláago Binant'a'í náábich'į'. Biniiyé siláago
níinishkeed yéę k'ad ńléí Tsénikání hoolyéedi
doo 'asohodéébéezh da ha'níigo hane'. Diné
łá Chii (Dodge) wolyé 'éí 'áádéę' 'ákót'éego
halne' níigo shį́į naaltsoos 'áyiilaa. "Diné da
ła' t'áá yéego 'atí'ahiilyaago 'íishją́ą doo shí

bá ninádeeshtłish da, háálá shí kodóó siláago ch'ééh yínishkeed," níigo naaltsoos 'áyiilaa lá.

'Áádóó naaki náánéískággo, 'éí tseebííts'áadahgóó yoołkáałgo, Wááshindoongóó naaltsoos 'ánááyiidlaa lá. 'Éí 'índa Indians Binant'a'í náábích'į'. Diné ła' Bilįį́ Łizhinii wolyé kįįh doodlóós dishníigo biniiyé Shash Bitoogóó ch'ééh siláago yínishkeed níigo naaltsoos 'áyiilaa lá. 'Áádóó 'índa díí k'ad nídízídígíí biyi' naadiin táá'góó yoołkáałgo Tséhootsooígi Diné 'áłah 'áshłééh. 'Éí 'ákwii Bilįį́ Łizhinii wolyéii 'ádoolníiłgi baa ńdadłiit'įįł níigo naaltsoos 'áyiilaa lá. 'Áádóó Diné siláago t'ááłá'í yik'iijéé' lá. Siláago 'éí Lt. Britt wolyé 'éí Diné bik'iijéé' lá. 'Áko Siláago Binant'a'í Shash Bitoodę́ę́' General McCook wolyéhígíí siláago naakidi neeznádiin dóó bi'ąą 'ashdladiingo 'ákǫ́ǫ́ yi'níłnii' lá. T'áá 'aaníí Diné ła' nihííniiłdongo Diné t'áá 'át'é bitaa da'doołdǫǫ́ł ha'níigo 'ákǫ́ǫ́ dah 'adiildee' 'éí. Jó níigo naaltsoos 'áyiilaa lá. Díí Naat'áanii Yázhi ho'di'nínę̀ę doo siláago 'atah jílįį da ńt'éé' 'éí bąą siláago doo haa ńdaat'įį da. T'óó hóni' dahó'níigo doo haa ńdaat'įį da. 'Áádóó díí Diné 'aláąjį' naaziinii 'áłah 'áshłéhígíí beego Bilįį́ Łizhinii t'áá shį́į́ ni' kódooniił ndi, 'áłchíní 'ólta'jį' nehe'níłgíí yits'ą́ąjį' shijé'ígíí 'éí doo ła' yidoołíił da sha'shin nisin níigo dó' naaltsoos 'áyiilaa lá.

'Éí 'ákót'éego Wááshindoongóó naaltsoos 'áyiilaa dóó bik'ijį' naadiin 'ashdla'góó yoołkáałgo 'índa Tséhootsooígi 'áłah 'azlį́į́' lá. 'Áłchíní doo 'asohodoobéézhgóó nihits'ą́ą́' 'atídaal'į daaniigo diné, t'áá 'éí t'éiyá 'aghá nahalingo bee hada'iisdzíí' lá. Bilįį́ Łizhinii baa náhódóot'įįł ha'nínę̀ę 'éí t'aadoo ndi hazhó'ó bik'íyáhodeezti' da. Bilagáana Mr. Wadleigh wolyé, 'íídą́ą́' 'ólta' yinant'a'í nilį́igo doo 'asohodoobéézhgóó 'áłchíní da'ólta'ígíí 'atíłł'į ha'níigo 'éí t'éiyá baa yádááti' lá. Niha'áłchíní t'aadoo 'atél'ínígo t'éiyá yá'át'ééh daaníí lá Diné. Diné ła' Gordy wolyéé ńt'éé' kóníigo haadzíí' lá: "Díí k'ad niha'áłchíní 'ólta'jį' ndahii'níiłgo nihijéí ninádahidiit'aah nahalin. 'Áko díí kodi 'ólta'di nihits'ą́ą́' 'atídaal'įįgo t'áá 'iiyisíí bąąh danihíni'. Díí Bilagáana 'ólta' binant'a'í jílínígíí

Diné Tł'ízí Kǫ' dahałníí lá. Díí k'ad ts'ídá beełt'éego házhi' nisin. Shą́ą́' tł'ízí da ła' dibé doo baa ńdaat'įį da ndi yitaa'ago' łeh. Díí 'ólta' binant'a'í jílínígíí ts'ídá 'ákójit'é. 'Éí t'áá 'ákónéehee tł'ízí kǫ' dahojiní. Díí nihá nihił béédahózin dooleeł daniidzingo 'ádadii'ní Bilagáana danohłíinii, 'áłchíní nihił baa dahojoobá'í. Díí k'ad 'ólta' binant'a'í jílínígíí dó' k'ad nahji̜ hááazhdoodááł. Náánáłá' yá'át'éehgo 'áłchíní yaa 'áháyáanii, 'índa 'áłchíní yaa jooba'ii nihaa náádoodááł," níigo haadzíí' lá.

Díí 'áłchíní da'ólta'ii 'atél'ínígíí bééhózingo díí Naabeehó t'áá jíl'áá ńt'éé' 'áłchíní baa dajíchį̜ígíí bininaa 'át'éé ńt'éé' sha'shin. Bilagáana Naat'áanii Yázhí wolyéhę̀ę 'áłah 'i'iilaago Bilįį́ Łizhinii baa ńdadłiit'įįł ch'ééh ńdi'niihgo 'ólta' t'eiyá baa saad 'aghą́ągo 'i'íí'ą́. 'Ólta' wolyéii ch'índáash daha'níigo.

Diné náánáła' hanáánáádzíi'go kóní, "She'ashkii bináá' doo 'át'éhégóó 'ólta'jį' niníłtį. Kwe'é baa náánísdzáá ńt'éé' bináá' łahjí hadeiz'ą́ą́ lá. T'áá kwii 'ólta'gi 'áhóót'įįd lá. Ha'át'éego shį́į́ 'ádzaa. Ch'ééh bína'ídééłkid."

Náánáła' 'ánáádi'ní, "Bilagáana 'ei 'ólta' bee hóhólníhígíí 'ashiiké bik'os gónaa dajiiłtsoodgo bizák'íhizhdiiníih lá. Bizéé' dó' dánízhdílnihgo yisdah ndabiłtseed, kót'éego yishniih shí," níigo haadzíí' lá 'éí.

'Asdzání dó' ła' kóníigo haadzíí', "Shiyáázh kin bitł'ą́ą́h góyaa bidádazhdeeskaal lá. T'áá 'ákóyaa sidáago naaki biiskággo k'asdą́ą́ dichin biisxį́í lá. 'Éí 'áádę̀ę́' ch'ínált'e' dóó bílátsíín dóó bikétsíín nda'jiznil lá. 'Áádóó 'éí t'áá 'ákót'éego hooghangóó shich'į' dah ńdiidzáá lá. Hooghan t'áá 'áhání hadziihgo 'áąjį' naa'íigo' lá. 'Áádóó 'ákwii baa nishwod dóó hooghandi t'óó nániłtį," níigo haadzíí' lá.

Bilagáana ła' Tséhootsooígi naalnish ńt'éé', kin 'ííł'íní nilį́igo, 'éí Naat'áanii Yázhí wolyéhę̀ę yich'į' naaltsoos 'áyiilaa lá November wolyéego ńdízídígíí naadiin dį́į́'góó yoołkáałgo, kóníigo: "............Bilagáana Mr. Wadleigh wolyéhígíí t'áá 'aaníí doo 'asodoobéézhgóó 'áłchíní da'ólta'ígíí 'atíłł'į. Yílátsíín nda'anilgo kin bii' 'ólta'gíí yitł'ááh góyaa yidáńda'diłkał. Díí kin bitł'ááh góyaa łá'í ndi doo naazhch'i da dóó chahałheeł. Díí k'ad kin bitł'ááh góyaa 'atsį', 'índa nímasii da dadíiłdzidii t'óó 'ahayói yanáa'á. Dá'ákaz bitoo', 'índa bisóodi bitsį' da 'ákóyaa yanáa'á. 'Éí t'áá nił bééhózin. Tókǫ'í da 'ákóyaa naaznil . . . . . " jó níigo naaltsoos hach'į' áyiilaa lá.

Hai 'íiłníi'jį' hoolzhishgo, 1892 wolyéhígíí k'adę́ę 'ałtso náháághgo Naat'áanii Yázhí yę́ę t'áá yéego hanaanish nááhásdlį́į'. 'Éí naghái náhookǫs bich'ijí Diné ła' Bilagáana yił kéyah 'ałghadeidit'áahgo yaa ńdiikaigo 'áají hanaanish náánásdlį́į'. Díí 'áájí kéyah haz'ánígíí shį́į nihí nihá 'át'é dazhnízin ńt'éé' Naabeehó. 'Áko Bilagáana 'áají ńdadikahgo nahgóó kódajił'į́į ńt'éé'. T'áá 'aaníí díí kéyah 1884 wolyéego yihah yę́ę biyi' dǫǫgo T'áátsoh wolyéego ńdízídígíí tsosts'idts'áadahgóó yoołkáałgo Wááshindoondę́ę' bee nihoot'á. Indians wolyéii bá. 'Áko ndi Naabeehó dine'é t'eiyá bá 'át'ée dooleeł doo hodoo'niid da.

1893 wolyéego hanáánááhai dóó dǫǫjį' hodideeshzhiizh Naat'áanii Yázhí yę́ę Diné ła' yił 'ałch'į' nínáádadidiik'ą. 'Áko 'índa Naat'áanii Yazhí yę́ę násdzíidgo t'óó dah nídiidzá. 'Éí háájí shį́į násdlį́į'. 'Éí 'anáádzáá dóó Bilagáana Lt. Edwin H. Plummer wolyéé léi' nááńeesdá. 'Éí t'áá Dine yinant'a'í nilį́igo díí nááhai. Plummer wolyéhígíí Naat'áanii náánásdlį́į'go t'áadoo náhodíniilzhíshí Bilį́į' Łizhinii wolyéhę́ę yił 'ałch'į' nínáánídéél. Diné ła' ńléí tooh bibąąh góyaa kéédahat'inígíí yił 'ałch'į' ndaazhchxǫ'. Díí kǫ́ǫ́ Diné yił 'ałch'į', ndaazhchxǫ'góó t'áá 'ałtso naaltsoos yee 'áyiilaa lá. 'Índa k'éédahoodǫǫłgóó da t'áá 'ałtso naaltsoos dabikáá'. 'Aadóó 'índa 'íidą́ą́ ńléí Diné bikéyah bikáá' 'ádahoot'éhę́ę da yaa halne'go t'áá 'ałtso bééhózínigo naaltsoos yee yisnil ńt'éé' lá.

T'ą́ąchil wolyéego ńdízídígíí łáa'ii dóó hayíiłką́ągo Tséhootsooígi naat'áanii 'ábi'diilyaa lá 'éí díí Plummer wolyéhę́ę. Ts'ídá 'íidą́ą́ 'ałdó' Bilagáana 'ólta' yinant'a'í nilį́igo 'ałchíní 'atíił'į́ ha'nínę́ę dah ní'diiłjid lá. Plummer naat'áanii 'ábi'diilyaa dóó neeznáá daats'í yiską́ągo Wááshindoongóó naaltsoos

'áyiilaa lá Indians Binant'a'í nilíinii yich'į'. 'Ólta' haz'ą́ǫgi t'eiyá yaa yinít'į́igo naaltsoos 'áyiilaa lá. Kóníigo: "''Aak'eedą́ą́ Niłch'its'ósí wolyéego ńdízídígíí naadiin 'ashdla'góó yoołkááłgo kwii Diné 'áłah silį́į' lá. 'Áko 'ádaaníigo Bilagáana 'ólta' binant'a'í nilínígíí doo 'asohodoobéézhgóó 'áłchíní 'atíił'į́ daaníí lá. 'Éí Bilagáana yę́ę 'áníid 'anáádzá. 'Áko k'ad ła' 'ákwii náádínóodaałígíí t'áá doo yá'áshxǫ́ǫ da. Háálá díí Bilagáana 'átséédą́ą́ sidáhą́ą 'áłchíní 'atíił'į́igo yiyíiłchxǫ' lá. 'Áko k'ad Diné 'ayadahooli. Ła' náánádzáa ndi t'áá ba'ayanááhoolni dooleeł. Háíida saad yiyiichįįhii, 'índa ha'át'éego da na'alkid yiyiichįįhii ła' niiltį́igo t'eiyá 'ayahoolni yę́ę 'ałtso k'éé'iidoołchxǫǫł. 'Áko 'índa Diné ba'áłchíní dahólóonii 'ólta' yídadínóodlįįł. 'Áko ndi díí kót'éego 'iichįįhii t'áá bídin hóyéé'.''

Nléí Diné 'ólta' doo daniidzin da daaníigo kéédahat'inę́ęgóó k'ad 'ólta' dayókeed níigo naaltsoos 'ánáayiidlaa lá. Jó 'éí 'ákwii kóníigo 'ak'e'eshchį́į lá: ''T'ah nahdę́ę' 'áłchíní 'ólta'jį' ndahohníił ch'ééh da'ahizhdi'níigo biniinaa k'asdą́ą́ nda'ahidzistseed. K'adgo 'éí Diné 'ólta' dayókeed. Díí Diné kéyah bá náhásdzooígíí bikáa'gi naghái náhookǫs bich'ijígo Bilagáana 'asdzání ła' 'Éé' Neishoodii nilį́igo Diné yitaaghá. 'Áko 'éí łahgo niha'áłchíní 'ólta' bá 'áhólééh dabiłníigo Diné bik'ijí ńdijah lá. 'Áłchíní dízdiingo t'áá 'íiyisíí 'ólta' bá dayíniikeed daaníí lá. Jó 'akon k'ad 'éidíígíí bee baa ntsáhákeesgo yá'át'éehgo 'ál'į́igo la' yá'át'ééh ńt'éé' lá. Yá'át'éehgo 'ál'į́igo Diné 'ólta' doo yich'į' ni' danilį́į da lá,'' jó níigo naaltsoos yikáá' 'áyiilaa lá.

Díí Lt. Plummer wolyéii Diné yinant'a'í silį́į' dóó doo 'ólta' t'eiyá binaanish silį́į' da. 1893 yę́ędą́ą́' T'ą́ąchil wolyéego ńdízídígíí táá'ts'áadahgóó yoołkáałgo kodóó ńléí Wááshindoongóó hane' 'áyiilaa lá Indians Binant'a'í nilíinii yich'į'. Naghái tooh nílíní dóó níwohjigo náhookǫs bich'į'go Naabeehó ła' nikináádadii baa' ha'níigo bee shił hóone' níigo hane 'áyiilaa lá. 'Adiits'a'ii Sání yę́ę dó' yich', naaltsoos 'áyiilaa lá t'áá 'éí bijį. 'Íidą́ą́ 'Adiits'a'ii Sání yę́ę Tsénikání hoolyéédi naa yéhé yá sidáago. Hastiin Bilį́į' Łizhinii wolyé

64

bich'į' díínáałgo 'áádę́ę́' kwii shaa doogááł, 'éí kót'éego shá bił hodíílnih níigo naaltsoos yich'į' 'áyiilaa lá. "Bilį́į́' Łizhinii wolyéii 'áádę́ę́' shaa doogááł dóó díí ńléí tooh bilááhji Diné nikináádadiibaa' ha'nínígíí ha'át'éego lá yaa ntsékees dooleeł lá 'éí bee bił 'ahił hodeeshnih nisingo 'ádíshní. Ni dó' t'áá 'iiyisíí 'áádę́ę́' shaa díínáál. Díí Hastiin Bilį́į́' Łizhinii wolyéhígíí t'áá hazhó'ó Diné dabidiits'a' sha'shin 'éí t'áá 'iiyisíí biniiyé 'áádę́ę́' shaa doogááł,......," jó níigo naaltsoos 'áyiilaa lá.

Ńt'éé' léi' Bilį́į́' Łizhinii wolyéii t'áadoo Naat'áanii yaa níyáa da lá, 'ako ndi t'áá yił 'ałk'ét'áázh lá t'áadoo ts'ídá nízaad ninááhoolzhíshí. 1893 yę́ę́ biyi' Bilagáana t'óó 'ahayóí 'ei tooh nílínígíí yąąh góyaa ndahaaznáá lá náhookǫs bich'ijígo. Łahjígo dó' Naabeehó lą'í kéédahat'į. 'Íídą́ą́' díí Diné 'áájí tooh yąąh góyaa kéédahat'ínígíí t'áá 'ałtsoni yik'ee nahalingo kéédahat'í, t'áá kóníghání nahalingo Diné dichin yiih nánídah. Kéyah nihá náhásdzooígíí t'éiyá bii' ndaahkai ch'ééh dajiníigo Bilagáana níwohdę́ę́' Diné haa yah 'anídahajeeh. 'Áko ndi Diné ła' 'ákǫ́ǫ́ dibé yił ch'ídahaazná. 'Éí shį́į́ ch'il da hadazh'niłkaadgo 'ákódadziidzaa. Bilagáana dó' bibéégashii t'óó 'ahayóí ndaakai 'áájí. 'Áko shį́į́ 'éí ła' bits'ą́ą́' ndajiłtseedgo dabijiłkįin. Díí 'índa biniinaa tsi'hahóóyá.

1893 yiháhą́ą́ biyi' dą́ą́go t'ą́ą́tsoh wolyéego ńdízídígíí biyi' naadiingóó yoołkáałgo díí Naat'áanii Lt. Plummer wolyéhígíí Wááshindoongóó Indians Binant'a'í yich'į' naaltsoos 'ánááyiidlaa lá. Díí naaltsoosígíí 'éí ńléí tooh nílíníjí baa na'aldeehígíí yaa halne'go naaltsoos 'áyiilaa lá.

"T'ą́ą́chil wolyéego ńdízídígíí naadiin ła'góó yoołká'ę́ę́dą́ą́' 'ałni'ní'ą́ą́dóó bik'iji' kwii naaltsoos shił yah 'eeltsooz. Bilagáana 'asdzání ła' Tooh náhós'a'jí naaghá 'éí naaltsoos 'áyiilaa lá. Náhást'éíts'áadahági yoołká'ę́ę́dą́ą́' Diné ła' Bilagáana dayiisxį́í lá. Bilagáana 'éí Welsh wolyéé ńt'éé' níigo naaltsoos 'áyiilaa lá.

"T'áá 'áko biiskání kodóó 'ákǫ́ǫ́ dah diiyá. 'Éí naadiin naakigóó yoołkáałgo. Naadiin

dį́'ígóó ycołkáałgo 'áadi níyá 'ahbínígo.

"Áadi níyáá dóó t'áá 'áko Diné Bilagáana yiyiisxíinii 'áádę́ę́' shaa doogááł dishniigo bíká 'i'ííł'a'. K'adę́ę́ 'e'e'aahgo 'áádę́ę́' shaa níyá. 'Ákwii Diné ła' shá 'ata' halne'go nayídéétkid. Ńt'éé' t'áá 'aanii 'ásht'į́ ní. Biiskání Bilagáana seesyínę́ę hazhó'ó bínináá'idéétkid. Ńt'éé' Bilagáana seesyínę́ę l'áá 'éí bitł'éé' 'ałdó' 'aneest'į́í lá naalyéhé báhooghandóó. Bilagáana seesyínigíí t'áá bí binaalye'é báhooghan ńt'éé'. Díí 'ákwe'é 'ałtso ni'sétkáá' dóó dego tábąąh gódeg dah náádiikai. Naakits'áadahdi daats'í tsin sitá 'áadi Bilagáana ła' náábighan 'éí 'ákǫ́ǫ́ dah náádiikááh biniiyé kwii łį́í' tsinaabąąs bighą́ą́h dazhdiniiłgo baa nijikaigo dóó nahgóó dó' siláago ła' łį́í' yik'i dah da'anilgo yaa naakaigo diné Bilagáana yiyiisxínę́ę be'esdzáán yił dah 'ahidíníilchą́ą́' lá. Hazhó'ó baa 'ádahołyą́ dishníí ńt'éé' ha'át'éego shį́í hayaa ha'ahinoolchą́ą́'. T'áá 'áko siláago 'ákǫ́ǫ́ yikéé' łį́í' bił dah diijéé'. T'áá hodíína'go t'áá gééd ninájiiskai. Diné t'óó 'ahayóí 'áłah nilį́igo 'ákwii t'óó bich'į' haasdzíí'. Nihíísh doo 'ádahołyą́ą́ da 'aadę́ę́' t'áá nihí díí Diné Bilagáana yiyiisxínígíí kwii shá ninánóhdlóós bidishní. 'Ákwe'é ła' t'óó shá ndayiizeez. 'Áádóó t'áá 'ałtso shíísh shik'ehdi danízin nahalin bitah désh'į́įgo. 'Áádóó t'áá łą́ą́góó bich'į' saad nisétt'i'. 'Áko ndi 'akót'éego Bilagáana Naabeehó binant'a'í ha'niigo ńdahidinoobįįłii t'ah doo ts'ídá t'áá 'aaníígóó haadziihí da dashiłní. 'Áko 'ayahoolni bii' naaz'ą́ągo 'ádaaní, 'akon. Díí 'áłah niidlínídóó t'áá 'áyídígi Diné ła' dah náánáá'néél kót'éego yínii'. 'Éí shį́í diné Bilagáana yiyiisxínę́ę bich'ooní ła' 'áájí Diné 'áłah 'áyiilaa. Háájí da ńléí nízaadgóó siláago dah dahodiilóozgo 'agháádahodooltéél biniiyé.

'Éí bąągo diné Bilagáana yiyiisxínę́ę t'óó yida'asnii' lá siláago. 'Éí siláago ła' t'áá bí 'ákót'éego yee shił hoolne'. Bee'eldǫǫh t'óó 'ahayóí dah dayíyeeh daaniigo yéédaasdzííd lá.

"Áádóó baa nítsídiikéezgo siláoołtsooí la' t'éiyá t'áá haa 'át'ee dooleeł lá niizį́í'. Siláoołtsooí díkwii da biniiyé nii'nilgo Diné bizaad danichxǫ'ii t'áá ni' kódadoonííł sha'shin niizį́į'. 'Éí t'áá 'aaníí 'ákódzaa. Siláoołtsooí ła' nii'nil dóó t'áadoo bahat'aadí Diné hasht'e díít'e'. 'Áko diné 'iisxíinii t'áá ch'ídoodlóós sha'shin 'azlį́į'.

"Biniiyé Diné ła' 'ahíhiiłtį́. 'Éí diné Bilagáana yiyiisxíinii hadeidínóotaał biniiyé. 'Éí 'ákódzaa dóó yik'í daaskai lá. 'At'ah 'índa 'áádę́ę́' náádoodlóós dashidííniid. 'Éí nídízíid bitł'éé' góne' t'áá 'ákódzaa. K'adę́ę haiłkaahgo, naakigóó daats'í 'oolkiłgo t'ah ńt'éé' Neesk'ahí wolyéii shóozt'e' hodoo'niid yiists'ą́ą́ 'ashhosh ńt'éé'. 'Éí shį́į́ Bilagáana yiyiisxínígíí 'óolyéé lá. 'Aadę́ę́' t'áá 'áyídídę́ę́' bił 'oonééł. 'Áádę́ę́' nihidááh díínááł danilńi shi'doo'niid. Bich'odaaníinii, 'índa bik'éí danilíinii da bíká 'adoojah sha'shin niizį́į'. T'áá 'ako Bilagáana Francis wolyé 'éí t'áá 'ákwii k'éé'dídléehgo, dóó shá 'ata' halne'ígíí 'ák̯ǫ́ǫ́ bił dah diishkai. K'adę́ę haiłkaahgo táá' dóó 'ałníí'góó daats'í 'oolkiłgo Diné bidááh niikai. 'Éí 'áádóó Bilagáana bił neikai yę́ę bighandi nínááníikai. 'Áádóó tooh tsé'naa niniikai Bááh Díílidji'. 'Áádóó ńléí Kin Niteel (Aztec) hoolyéégóó bee hodoot'ihii ła' bik'é na'nílá. 'Aadi 'aahwiinít'į́ bá haz'ą́ 'éí bąą. Diné Bilagáana yiyiisxínę́ę deíniidlóosgo Bilagáana ła' hááhgóó shį́į́ nihit'ááh ńdaayish, ndi t'áadoo 'át'éhígóó ńléí 'ákohgóó dah 'adii'ą́ągo Kin Niteeldi niikai. Náhást'éígóó 'oolkiłgo. Tádiin dóó bi'ąą naaki tsin sitą́ Kin Niteelji'. T'áá 'áko diné Bilagáana yiyiisxínę́ę 'awáalya góne' yah 'íiyáá dóó bidá'deelkaal.

"Bilagáana k'éé'dídlehí nilį́ dishnínígíí t'ah bighandi sédáhą́ą́dą́ą́ 'ałdó' wóyahdę́ę'go hane' shaa yít'ą. 'Éí naadiin tsosts'idgóó yoołkáłę́ędą́ą́. Diné ła' bizaad danichxǫ'go naalyéhé báhooghan dadidiidlił daaniigo yaa tiih nákah hodoo'niid. 'Éí Bilagáana 'asdzání Mrs. Whyte wolyéego ńléí Tséhootsooígóó shich'į' naaltsoos 'áyiilaa lá dishnínę́ę bahastiin binaalye'é báhooghango 'ádeił'į́ lá. T'óó hane' shaa yít'ą́ą́ dóó t'áá 'áko 'ák̯ǫ́ǫ́ dah diikai 'ata' halne'ígíí bił. Bilagáana ba'ałk'ee (nihiiłkáhígíí dó' bił. 'Áadi niikai ńt'éé' doo 'áhoot'éhé da. Diné 'ałtso diitaa' lá. 'Átséé tł'éédą́ą́' diné ła' tooh tsé'naagóó 'íiyáá ńt'éé'

t'ah doo nádáah da. T'óó 'áájí, tooh yónaaníjí ła' 'adeesdǫǫh yiists'ą́ą́'. 'Éí diné tooh tsé'naa 'íiyáhą́ą Bilagáana bił da'deesdǫǫh shą'shin ha'níí lá. 'Átséédą́ą́' Diné ła' Bilagáana yiyiisxínę́ę biniinaa Diné seesyį́į shą'shin daaníigo 'ádádahoolchįid lá Diné. T'áá 'aaníigo 'éí nihi dó' Bilagáana ndadiiltsił daaníí lá Diné. Díí kwii naalyéhé yá sidáhí nilínígíí bee hahodoolzhish daaníigo Mr. Whyte wolyéhę́ę yaa tiih nákah lá. 'Áádóó siláago binant'a'í ła' Capt. Daugherty wolyé 'éí ńléí Diné tooh tsé'naa 'íiyáhą́ą bikéé' dínááhgo bína'ídiłkid dahojiníigo 'ák̯ǫ́ǫ́ 'ajííyá. Diné bíhoohya' yę́ę doo 'át'éhégóó yił nát'áázh 'áádę́ę́'. 'Éí 'ákódzaa dóó Diné bizaad danichxǫ' yę́ę 'ałtso tanáoskai. Bikéyahgóó ńdaasdlį́į́ ła'.

"Naabeehó bizaad danichxǫ'go naalyéhé báhooghangi niheekai lá ha'níigo 'éí ńléí Tóta'góó dóó Kin Niteelgóó dóó ńléí Dibé Nitsaa biyaadi Kin Łání nááhoolyéhégóó daa'nii' lá. Dóó t'áá bita'góó Bilagáana kéédahat'íinii k'asdą́ą́ t'áá 'altso dayíinii' lá. T'ah ńt'éé' t'óó 'ayóigo Bilagáana naalyéhé báhooghangi bee'eldǫǫh ndayiizyį́. T'áá 'íiyisíí k'adę́ę 'ałk'ijiijeeh daaníigo shį́į́ hane' 'ałtaist'ą́ą́ lá. Naaltsoos da bee ndaneezdee' lá. Kót'éego shį́į́ saad ła' t'óó bínidei'nilgo yee 'ahił dahoolne' lá.

"Naabeehó díí k'ad tooh nílínígíí bąąh gódeg t'áá kónígháni nahalingo t'áadoo le'é doo 'adaaníinii, 'índa 'aniį́į́' da 'ádaat'éii yaa ndaakaigo haashį́į́ nízahdę́ę́' hoolzhiizh. Neeznáá doodaii' naakits'áadah daats'í nááhai t'áá 'ákót'éego yaa yikahgo. 'Áko doo ndi ha'át'éego da baa hwiinít'į́ígóó t'óó 'ákódaane'é t'eiyá ńt'éé' lá. 'Éí t'áá 'ákót'éego 'ák̯ǫ́ǫ́ Wááshindoogóó naaltsoos yaa dahalne'go yah 'anídahineezdee'. 'Índa Naabeehó dine'é Bilagáana yił 'áda'ahool'įįłii ts'ídá t'áá hó biniiyé tázhdígháahgo, 'índa hazhó'ó bína'ízhdiłkidgo da t'eiyá ts'ídá t'áá 'ádaat'éegi hoł bééhodooziį́ł. Ch'óóshdą́ą́dą́ą́ shį́į́ t'áá honítłóó' nahalingo yaa naakai ńt'éé' Diné. Bilagáana Welsh wolyéé ńt'éé' ha'nínígíí náádayiisyį́į dóó 'índa t'áá 'íiyisíí hahoníichaad nahalin silį́į' 'Índa Diné ła' bizaad danichxǫ'go naalyéhé báhooghan yaa tiih yikai lá ha'níigo baa hóó-

66

ne' yę́ę́ biniinaa k'ad Bilagáana t'óó 'ahayói yik'ee doo bił dahóózhǫǫd da. Łá'í diidleełgo 'ák'i ndadiildził daaní. 'Áko k'ad t'áá 'íiyisíí doo 'nǫohodéébéezh da. Bilagáana naalyéhé báhooghangi bee'eldǫǫh ndayiizhjįįn', Ła' t'áá 'ákwii dabiiská. 'Éí Diné naalyéhé báhooghan yaa niheekai yę́ę́ bitł'éé'. Diné hoodzo tł'óo'di kéédahat'íinii t'áá 'ałtso nihaa yah 'anídahidoojah daaníigo t'áá 'ákwii dabiiská. 'Éí biiskání t'ah ńt'éé' 'ákót'éego shił hóóne'. 'Éí naadiin tseebíígóó yoołkáłę́ę́dą́ą́. 'Ałní'ní'ą́ą́dóó Diné baa tii'aldééh kót'éego yínii'. Doodago la' 'ádaaní niizį́į' t'áá 'áko. T'áá 'aanií 'ákódaadzaago t'óó níweh da tsi'hahodoogááł niizį́į'. 'Aadóó nda'ahiltseedgo yaa nínáádidookah niizį́į'. T'áá 'áko 'ák̨ǫ́ǫ́ dah diiyá. Nt'éé' Bilagáana tádiin yilt'éego 'ahíikai léí' t'áá 'íídą́ą́ Diné ła' hoodzo biyi'jigo baa dayíjeeh. Dibé da t'áá yił baa dayíjeeh. Doodago 'ádaaht'į bidishníigo t'áá 'áko bich'ą́ą́h niníyá. 'Akódaat'éhígíí siláołtsooí bee bá haz'ą́. 'Éí 'ádaat'įįgo 'éí t'áá 'áko. 'Éi t'áá nihígo 'éí t'óó 'ák'iji' dahodoołchįįłgo 'ádaaht'į bidishníigo t'áá łą́ą́góó saad bich'į' niséłt'i'. T'áadoo ha'át'éégóó da niyánáánázti'í lą́'ąą hodoo'niid. 'Áádóó Naabeehó bikéyah díí tooh nílínígíí náhookǫsji bee hoodzo dooleeł dishníigo Wááshindoongóó baa hweeshne'. K'ad 'éí díí tooh nílíní dóó náhookǫsjigo kéyah t'áá 'áhoołts'íísígo nááhást'ą́. 'Áko ndi doo yikáá' bighaní da dóó t'óó halgai. Díí kéyah t'áá 'áhoołts'íísígo haz'ą́ dishnínígíí 'éí díí Tsétaak'ą́ (Jewett) hoolyéédóó 'e'e'aahjígo si'ą́. 'Áko ndi tooh nílíní góyaa łahgóó t'áá yá'ádahoot'éehgo nahaz'ą́. 'Áko 'éí 'áaji Diné ła' ha'naa ninádaakah. 'Áádóó 'índa díí ts'ídá bééhózínígo bee hoodzo dooleełii t'áá 'ádin. 'Éí bą́ą́go Diné ła' t'óó bik'ijigóó nahalingo 'áajigo ńdadikah. 'Áádóó t'áá 'éí binahjį' nahalingo ła' ńléí níwohjį' Nóóda'í bikéyahą́ą́góó yikáá'góó ńdadikah. 'Aadóó ła' ńléí Dibé Ntsaa biyaadi Kin Łání hoolyéhégóó 'ałnáádaakahgo 'áádę́ę́ tódiłhoł kohgo kéyah yiih dayiiyeeh. 'Éidíígíí bą́ą́go díí tooh nílínígíí bééhózínígo bee hoodzo dooleeł díiniid. Díí hoodzooígíí bééhózínígo 'ályaago 'índa yá'át'éehgo Diné baa 'áháyą́ą́ doo. Diné ch'éédadinigo Diné baa 'áháyą́ą́ doo. Diné ch'éédadini-

kahii bééhózin dooleeł. 'Áádóó díí k'ad kónígháanígo naanidahazhahgo hoodzooígíí 'ałdó' Diné ła' doo bił yá'ádaat'éeh da. 'Áko k'éhózdon hoodzogo 'éí yá'át'éeh daaní. K'éhózdon nihá ndoolyéél daaní. Tooh nílínídóó náhookǫs bich'ijígo t'áá 'áhoołts'íísígo kéyah si'ą́ dishnínígíí doo yikáá' kééhat'íní da Bilagáana ndi doo ła' yikáá' kéédahat'į́ da. Chizh, tó, 'índa tł'oh ndi bikáá' ádin 'éí bą́ą.

"Bilagáanají díí Naabeehó bikéyah góne' doo bá haz'áanii doo ła' 'ákóne' naagháa da. Dineji 'éí ńléí hoodzo tł'óó'góó t'óó 'ahayói ndaakai. 'Áko 'ei 'áadi łį́į' da deini'į̨įh dóó béégashii da ndeiłtseed. Diné 'ániid kéyah góne' yah 'anábidi'noolkaad yę́ę́ k'ad dichin bida'niighą́ą́' ha'níigo baa náádahane'. 'Éí shį́į́ béégashii ndeiłtseedgo yee náás yikah yę́ę́ kóbi'diilyaaígíí bee 'ádzaa.

"'E'e'aahjí Diné bikéyah hoodzooígíí 'ałdó' 'áají tooh (Little Colorado) nílínígíí bíighahgo niilyáago bééhózínígo hoodzo dooleeł. 'Áádóó t'áá 'éí bee Diné bik'i 'adéest'į́í nahalin dooleeł.

"Tooh (San Juan) nílínídóó náhookǫs bich'ijígo ńléí hoodzo tł'óo'di Diné kéédahat'ínígíí t'áá 'ałtso hoodzo biih ńdahidooh'nééł bidííniid. 'Áko t'áadoo 'áádę́ę́ dah ńdiishdáhi lą'í t'áá 'íídą́ą́' kéyah yiih ńdahaas'náá lá. Ła' 'éí t'ah t'áá tooh tsé'naaji dah dayinééh lá. Tó yíłǫǫd lágo biniinaa. 'Áádóó ła' ba'áłchíni bąąh dah dahoo'a' lágo biniinaa t'ah t'áá 'áadi.

"Bááh Díílid hoolyéédóó yaago ńléí tooh nílíní t'áá bąąh góyaa hastą́diin tsin sitą́ądi Bilagáana Daugherty dóó Hyde wolyé yaa ndilt'éego binaalyéhé báhooghan. Díí Bilagáana t'áá binaalye'é báhooghanígi tsinaa'eeł béésh bá nít'i'go tooh tsé'naa 'ałnánálwo'go 'áyiilaa lá. 'Éí 'aghaa' nayiiłniihii da yee ha'naa niyiiyeeh biniiyé. Diné 'éí yich'į' yaa nichį' ńt'éé'. Taah deidoołniił sha'shin níigo. T'ą́ą́chil wolyéego ńdízídígíí 'ashdla'góó yoołkáałgo Diné nidilt'éego díí tsinaa'eełę́ę dahaastł'ǫ́ǫ́ ńt'éé' na'iidii'ą́ągo tooh tsé'naa dah yidiił'éél jiní Bilagáana ch'ééh dooda biłníigo. Bilagáana Siláołtsooí Binant'a'í nilį́į́ ńt'éé', Capt. W. W. Daugherty wolyéé ńt'éé' dóó ła'

bik'isgo 'éí shį́į́ yił ndilt'éego ch'ééh dooda
biłníigo. 'Áádóó shį́į́ hoł yéé' 'áhodoolníłígíí
t'éiyá biniiyé Bilagáana Daugherty wolyéhígíí
hwííghahjį' taah dziisdon. 'Ałt'ąą 'áádę́ę́
nát'ą́ą́ hoł nání'éél jiní. 'Áádóó shį́į́ t'áá 'éí
biniinaa Diné tádiin dóó bi'ąą 'ashdla' daats'í
yilt'éego 'ahi'ahiiltį́į́ lá jiní. 'Éí 'ákódzaago shį́į́
Bilagáana yę́ę yaa yíkai. Díí Diné ndilt'éego
bee'eldǫǫh binahaahya' yę́ę́gi nihá niná'dool-
yééł, béeso naakidi neeznádiingo nihá niná-
doolyééł daaníigo. Doodago 'éí k'ad t'óó kin
nihił dadidiidlił daaníigo yaa yíkai. lá. 'Áádóó
shį́į́ t'óó Diné bá niná'ílyá dóó 'áádę́ę́ t'áá
'áko Bilagáana yee shił hoolne'. 'Áádóó neez-
náá daats'í náánéíską́ągo Diné ła' díí tsinaa-
'eeł dah si'ánę́ęgi kin yidíílid lá. 'Éí shį́į́ tó-
diłhił yoodlą́ą'go yik'ee tsi'naagháago 'át'į́.
'Áádóó Bilagáana Mr. Hyde wolyéhę́ę yaa tiih
náánáádzáá lá ni'niiłhį́ yiłníigo. Díí Diné
kódáát'įįdii Diné náánáła' Bilį́į́' Łizhinii wol-
yéii yił danilį́igo 'ádaat'į́ lá. 'Éí 'ákódzaa dóó
T'ą́ą́tsoh wolyéego ńdízídígíí tsosts'idgóó yooł-
kááłgo kodóó 'ákǫ́ǫ́ biniiyé dah diikai. Siláołt-
sooí ła' bił dah diishkai. 'Éí Bilį́į́' Łizhinii baa
niikai. Díí níláahdi Diné bizaad danichxǫ'go
béeso naakidi neeznádiin bá ninályáhígíí dóó
Diné tsi'naagháago kin yidíílidígíí t'áá 'ałtso
t'áá béédahodoozįįł bidííniid. Tséhootsooídi
kįįh dahidookah kót'éego bee bił dahodíílnih
bidííniid. Dóó béeso naakidi neeznádiin Bila-
gáana naalyéhé yá sidáhí nihá ninéídláhígíí
dó' baa nídadooh'nił bidííniid. Bilį́į́' Łizhinii
wolyéii ch'óóshdą́ą́dą́ą́ t'áádoo 'iinízingóó
hahadziih. Wónáásdóó lą́ dííniid. T'áá níláah
naalyéhé báhooghandi Damį́igo 'azlį́į́' dóó
dį́į́'góó yoołkááłgo t'áá níláah naalyéhé bá-
hooghandi shá nihoní'ą́. Diné naakigo 'éí 'áadi
bił dooleeł dóó béeso yígíí dó' shidííniid. Si-
láołtsooí bił naashkai yę́ę ch'iyáán t'áá bíyó
bits'ą́ą́ 'ábi'niidįįdgo biniinaa ńléí Bááh
Díílid hoolyéégóó bił ninásískai. 'Éí 'áadi bił
nánishkai dóó 'áádę́ę́ náánáła' bił dah náá-
diishkai. 'Éí t'áá ńléí tooh tsé'naají yaago
niikai. Bááh Díílid hoolyéédóó náhást'éígóó
yoołkááłgo siláago bił dah diishkai. Ła'ts'áa-
dahgóó yoołkááłgo naalyéhé báhooghandi
Diné bił 'ahá ndahonisht'ánę́ędi nániikai. T'áá

'éí bijį́ Diné bił 'ahándahonisht'ą́ągo 'ałdó'.
Nt'éé' biiskání 'índa Bilį́į́' Łizhinii 'ákwii Diné
yił yíkai. Béeso 'éí t'áá tádiin dóó bi'ąą
'ashdla'í ńdeizhjaa' lá. 'Áádóó Diné naakigo
yini'eezh yę́ę 'éí t'óó shich'į' 'ayíínil. Béeso
kojį' ła' t'ah 'ádinígíí 'éí Diné 'ei yah 'abi'-
doo'nilii bich'ooní danilínígíí 'adeidiyooniłgo
t'áá hahí t'áá 'ałtso shónéidoot'eeł shidííniid.
Díí Bilį́į́' Łizhinii wolyéii ch'óóshdą́ą́dą́ą́ t'áá
ch'ééh ha'át'íi da bidishní nahalin. 'Áádóó
hazhó'ó t'áá 'ádaat'éégóó bee bił nahosisne'
dóó díí Siláago bił naashkaii yiyiiłtsą́ą́ dóó
'índa t'áá 'ábidishnínígóó 'át'é silį́į́'.

"Diné, hastóí daazlį́į' ndi 'ei Bilį́į́' Łizhinii
wolyéii yił danilíinii ła' ts'ídá t'ah doo di
Bilagáana Naabeehó Binant'a'í danilį́igo ńdo
hidinoobįįłii dayiiłtséeh da daaníigo shił da
halne'. 'Ako díí béégashii da ndeiłtseedgo, łį́į́
da deini'įįhgo, 'índa tódiłhił da t'áá 'iiyisíí bąą
na'aldeeh lá 'áájí honit'i'ígíí. 'Ako 'índa
'ákwe'é Diné t'áá 'ałtso bich'į' haasdzíí'. Díí
Bilagáana t'áadoo le'é bíí' danilíinii ts'ídá
t'áadoo baa nídaaht'íní, 'índa tódiłhił baa ndi-
nookaiígíí dó' k'adí, t'áá 'ákódígo yá'át'ééh
bidííniid.

"Bilagáana Hyde wolyéego binaalye'é bá
hooghanídóó 'e'e'aahjígo haa'í shį́į́ Diné ła'
kééhat'į́ jiní. Łį́į́' Bilagáana dabilį́í' ńt'ée'go
t'óó 'ahayói yaa nichį'go neiniłkaad jiní.
'Ákǫ́ǫ́ bich'į' deesháál ch'ééh nisingo shinaa-
nish doo bita' hóle' 'át'éégóó biniinaa t'óó bił
náás hoolzhish.

"Damį́igo biiskání ashdla'áadahgóó yooł-
kááłgo ńléí Bááh Díílid hoolyéedi siláago bił
nánishkai. 'Abínígo nániikaigo 'ałní'ní'ą́ądóó
bik'ijį' ńléí Kin Niteel hoolyéégóó dah náá-
diisdzá. Diné Bilagáana yiyiisxínę́ę k'ad baa
hwiinit'įįh ha'níigo 'éí biniiyé 'ákǫ́ǫ́ níyá. 'Éí
'áadi níyáá dóó shinááł baa hwiiníst'įid. 'Ako
ndi hazhó'ó baa nínááhódóot'įįł ha'níigo diné-
hę́ę t'óó yah 'anáált'e'. Diné shinááł baa hwii-
níst'įid dóó t'áá 'éí bijį́ Bááh Díílidgi nináá-
nísdzá. Biiskání t'áá 'áko Tsehootsooígóó
dah nídiisdzá. 'Éí bich'į' t'áálá'í siiską́ągo
tseebííts'áadahgóó yoołkááłgo k'adę́ę 'ałné'é-
'aahgo ńléí Tséhootsooídi tsinaabąąs shił
nálwod. Díí k'ad kót'éego Diné bitah tádííyá

68

dishníigo baa hashne'ígíí ts'ídá tsinaabąąs t'éiyá bee tádííyá. Łahda łį́į' bee łeh. Tádíí-yáágóó ts'ídá hastą́ądi neeznádiin dóó bi'ąą 'ashdladiin dóó bi'ąą náhást'éí tsin sitą́ bee nízáádgóó tádííyáá lá."

Díí Bilagáana Diné vinant'a'í Plummer wolyéé ńt'éé' ha'nínę́ę bini 'e'eshjááshchilí wolyéego ńdízídígíí 'ashdla'góó yooɫkáałgo 'Adiits'a'ii Sání yę́ę yich'į' naaltsoos 'áyiilaa lá, kóníigo: "Nitsinaabąąs kodi ndeiłbąąs léi' kodóó t'aadoo le'é Bilį́į' Łizhinii bich'į' 'iih yishníił. 'Áádóó kót'éego shá bił hodíílnih. Diné ndilt'éego t'ah 'ałk'ididą́ą́ yah 'abi'doo'nil yę́ę t'ah ndi bi'dótą lá. Béeso naakidi neeznádiin naalyéhé yá sidáhí bits'ą́ą́ dah dazhdiijaa' lá yę́ę t'áá tsxíiłgo ńdazhdoojih, bee'eldǫǫh yę́ę dó' t'áá bił. 'Áko diné t'áá tsį́iłgo diné béédidoochił. 'Aadę́ę' béeso t'áá shóǫzt'e'é t'áá 'áko kodóó ńléí diné bi'dó-tą'ígóó hane' 'ádeeshłiił. . . . . ." Kót'éego naaltsoos 'ályaa lá, Mr. Plummer wolyéhę́ę 'Adiits'a'ii yę́ę yich'į'.

T'áá 'éí ńdízídígíí biyi' naadiin naakigóó yooɫkáałgo naaltsoos 'ánááyiidlaa lá díí naat'áanii. 'Éí 'inda Bilagáana Siláołtsooí binant'a'í nilį́į' ńt'é'ígíí Capt. Daugherty wolyéé ńt'é'ígíí yich'į'. Bilį́į' Łizhinii wolyéii béeso neeznádiin dóó bi'ąą tseebídiin t'áá 'ákódígo ná shónéiséłt'e'e niłní, níigo naaltsoos yich'į' 'áyiilaa lá. 'Éí biniinaa diné ndilt'éego yah 'ee'nil yę́ę k'ad t'óó béé'doolnih. 'Áádóó t'áá hahí, t'áá shinaanish bita' hazlį́'ígi 'aajigo nááédésdzá. Diné ła' łį́į' yaa nichį'go neiniłkaad ha'nínę́ę bíni' Bilagáana yich'į' yéé'dooł-nih biniiyé bich'į' déyá. Shinaanish t'óó 'ahayói. 'Índá Diné ła' Bilagáana yiyiisxį́igo 'áájí dó' shinaanish nilį́. 'Índa dibé dį́idi miilgo daats'í neest'į́į' léi' 'áají 'ałdó' yinisht'į́. 'Áádóó kojį' díkwíígóó shį́í shá nahazt'i'go 'ánísht'é. 'Áko díí Bini'ant'ą́ą ts'ózí wolyéego ńdízídígíí biyi'di daats'í 'índa shinaanish t'áá bita' hoo'a' dooleeł," jó níigo naaltsoos 'áyiilaa lá.

T'áá 'éí yihahígíí biyi' bini 'e'eshjááshchilí wolyéego ńdízídígíí bini naadiin tsosts'idgóó yooɫkáałgo Wááshindoongóó Indians Binant'a'í niłíinii yich'į' naaltsoos 'ánááyiidlaa lá. Diné naghái tooh nílínígíí yą́ą́h góyaa kééda-hat'íinii yaa halne'go naaltsoos 'ánááyiidlaa lá. "Díí Diné tooh nílínígíí yąąhgóó kéédahat'ínígíí ńléí Naat'áanii 'iiyisíí bá sidáadi bich'į' nízaadgo kéédahat'į́. 'Éí bąągo ła' díí naat'áanii bá sidáhígíí doo ndi bił béédahózin da, dóó ła' naat'áanii ndi t'ah doo dayiiłtséeh da. T'áá 'éidíígíí bąągo kodóó bá hoot'áałii doo ndi bidadééłnii da, díí t'áadoo baa hwiinít'íni bíni' t'áá 'ákót'éego ńléí t'ah nahdę́ę' yaa yikah yę́ę t'áá 'éí yaa nináádidookah t'áá 'iiyisíí t'áadoo 'aaniigi 'ánááhodoo'niił da sha'shin, shí kót'éego baa ntséskees," jó níigo naaltsoos 'áyiilaa lá.

Díí k'ad Lt. Plummer wolyéego Diné yinant'a'í nilį́į' ńt'é'ę́ę łahgóó naaltsoos yił 'ałch'į' 'ádeil'į́į ńt'é'ígíí bee bééhózin, tseebíits'áadah dóó bi'ąą náhást'édiinígi yihah yę́ędą́ą́' ndi Diné doo hasht'e dít'ee da ńt'éé' lá. Bilagáana Naabeehó binant'ai ńdaadleełii t'áá ch'ééh ńda'ookąąhgo hoolzhiizh lá Diné Bilagáana yił 'ałk'éédeijahgo, háadi da yéego 'áhodoonííł sha'shin 'iłį́igo, dóó t'áá 'éí biniinaa Diné be'iina' doo k'ídahinitáad da ńt'éé' lá. Díí Bilagáana Lt. Plummer wolyéii Diné yá neezdáá góne' Naabeehó ts'ídá hanii shį́í naadiindi miil 'ánéelt'e' ńt'éé' níigo yaa halne'. Naabeehó dine'é yídííłtahgo ts'ídá t'áá 'iiyisíí 'ánéelt'e'gi nił bééhodoozį́ił bi'doo'niid ńt'éé'-gi 'át'é ha'a'aahdę́ę'. Dinéésh bééhózingo ndaakai ńt'éé 'íídą́ą́'. 'Áko yídóoltahígíí doo yee sohdool'į́ił dago biniinaa t'óó bik'itsóhodeeskéezgo kóníigo ha'a'aahgóó Indians Yinant'a'í nilíinii yich'į' yee naaltsoos 'áyiilaa lá, kóníigo "Naabeehó wolyéii naadiindi miil daats'í kéédahat'į́, 'inda kéyah daashį́í honiłtéelgo yikáa'góó kéédahat'į́ 'ałts'ą́ąjhí t'áá-łáhádi tsin naaztą́ągo kéyah bída'neel'ąąhígíí naakits'áadahdi miil dóó níwohjí' haa'í shį́í ńléí dį́į'ts'áadahdi miil sinil bíighahgo yikáa' kéédahat'į́. Dził góó, 'inda ńléí tsédaakoohgóó bich'į' ndahonitł'ago kéédahat'į́ łą'í. Bíka'nitáa ndi doo 'ałtso shóidoot'eeł da. 'Áádóó t'óó 'ahayói ńléí danízaadi t'ááłáhádi dóó naakidi neeznádiindi tsin sitą́di kéédahat'į́ hoodzo tł'óo'di. Wááshindoon bá ndeilnishgo kwii Tséhootsooígi shiijaa'ígíí ts'ídá t'áá 'áníiltso baa tiih yiijée'go dóó łį́į'da ts'ídá t'áá ndaakaaígi chodaoz'įįdgo díí Diné wólta'ígíí baa tiih yiikai ndi díí bee ndahosoo'á"ígíí 'áají' doo bíighah da. Doo háhágo ła' dooníiłii 'át'ée da. 'Áko díí k'ad ts'ídá t'óó Diné 'áneelt'e' sha-shin góne' nihił ch'ídoot'ááł. Kwe'é 'ákót'éego t'áá níłtéél ńt'éé' diné dayééłta' yęę̆dą́ą́' Naabeehó dine'é t'óó 'áneelt'e' sha'shin góne' baa hóóne' ni', 'íídą́ą́' bee dahodoot'ihii, 'índa béeso da bá dahólǫǫ ndi 'ákódzaa ni'," jó kót'éego naaltsoos 'áyiilaa lá.

Tseebíits'áadah dóó bi'ąą náhást'édiinígí yihah yę̆ędą́ą́' díí kodi Diné kéédahat'įįdi 'ádahoot'éhígíí dóó t'áadoo le'é Diné yee dahináanii 'ádaat'éegi yaa halne'go díí Bilagáana Lt. Plummer wolyéii t'áá hazhó'ó díishjį́įgóó 'ádahoot'éhígíí k'asdą́ą́' t'áá 'ákót'éego yaa halne'. Kéyah yę̆ę̆ t'áá 'áhoníłtsooi 'áhoníłtsogo Diné t'éiyá t'ááłáhági 'át'éego k'ee'ąą noot'į́į́ł níigo yaa halne'. 'Índa na'aldloosh doo ts'ídá hózhǫ́ ch'il bá dahólǫǫ da, 'índa dibé yá'ádaat'éehi t'áá ch'ééh bíchą́hwíídéeni'go t'óó yóweh da doo yá'ádaat'éhígíí t'éiyá k'ee'ąą díneest'ą níigo dó' yaa hoolne' lá. Jó díí k'ad kót'éego yaa halne'go ha'a'aahgóó Indian Rights Association wolyéego yee dah yikahii binaałtsoos 'ííł'íní niłíinii yich'į' naaltsoos 'áyiilaa lá. 'Éí tseebíits'áadah dóó bi'ąą náhást'édiin dóó bi'ąą táá'góó yihah yę̆ędą́ą́' dąągo: "Deenásts'aa' yá'ádaat'éehii t'áá háádéę̆' da ła' shoozt'e'go t'éiyá Naabeehó bilį́į́' dibéhígíí háádookah. T'áá 'éí bee 'aghaa' łą́ ńdadoodleeł. Díí k'ad 'át'éhígíí t'áá 'ákót'éegogo 'éí náasdi dibé t'áá 'iiyisíí bighaa' 'ádaałch'į́į́di dooleeł. Na'níle'dii háahgóó shį́į́ dibé k'ee'ąą danéet'į̆įh dooleeł....," níigo naaltsoos yee 'ádayiilaa lá Indian Rights Association ha'nínígíí binaałtsoos 'ííł'íní niłį́į́ léi' yich'į'.

Jó dąągo 'éí Indian Rights Association yich'į' naaltsoos 'áyiilaa, 'éí 1893 yę̆ędą́ą́'. 'Éí yíshį́į́ dóó ńléí haijį́' 'anáhoolzhiizhgo, késhmish da'azlį́į́' dóó bik'iji' Niłch'itsoh ńdízídígíí bini naadiin tsosts'idgóó yoołkáałgo ha-'a'aahgóó Indian Binant'a'í niłíinii yich'į' naaltsoos 'ánááyiidlaa lá. Díí Naabeehó bikéyah ha'a'aah bich'iji' hoodzooígíí Naat'áanii Nééz bideiijígo Jewett, New Mexico hoolyéego kin sinilígíí bíighah gónaa tooh ha'naa nihoodzo. 'Áádóó 'éí ńléí náhookǫs bich'ijigo 'ashdla'áadahdi tsin sitą́ą́góó 'ahoodzo. 'Áádóó 'inda yaago 'e'e'aah bich'į'go dah nááhodiidzo. 'Áko díí bee nástł'ah nahalin góne' Diné ła' kéédahat'į́, bilį́į́' dahólǫǫgo, dibé da. 'Áádóó 'áájí tó t'áá 'iiyisíí 'ádaadin. 'Áko ńléí tooh nilíníjį' t'éiya choda'oł'į́. 'Áko ndi hǫǫdzodóó tł'óo'di dį́įdi tsin sitą́ą́di daats'í tanída'niłka' lá. 'Áádóó t'áá 'áájí nda'niłkaadgo hodinaahgo 'índa hoodzo yitis ńda'niiłkaad lá. 'Áko Bilagáana 'akał bistłee'ii 'áájí kéédahat'inígíí yaa saad dahółǫ. T'áá 'áłahjį' nahalingo yiniinaa Diné yił 'ahída'ats'ih lá. 'Éí bąągo hoodzooígíí bééhózinigo 'ádoolnííł yadadí'niilzhingo. 'Áko saad hólónígíí 'ádin dooleeł dó'áshłí níigo Indians Binant'a'í yich'į naaltsoos 'áyiilaa lá. "Kóhoot'éédą́ą́' dó' t'áá 'ákwii Diné Bilagáana bibéégashii t'óó 'ahayóí dayííghą́ą́' lá. 'Íídą́ą́' doo hózhǫ́ dahodichin da ndi. K'ad 'éí t'áá yéego hodichin nahalingo haz'ą́ t'áá níłtéél ńt'éé'. 'Áko díí k'adę̆ę Diné Bilagáana bibéégashii yits'ą́ą́' ndeiłtseedígíí yaa nínáádiikáah sha'shin. 'Áko hoodzooígíí bééhózingo, t'áadoo yitis ndaakaaígo t'éiyá t'áá yá'át'éeh dooleeł sha'shin," níigo dó' naaltsoos 'áyiilaa lá.

'Áádóó naaki náánéískáągo, naadiin náhást'éigóó yoołkáałgo, ha'a'aahgóó naaltsoos 'ánááyiidlaa lá díí Bilagáana Lt. Plummer wolyéego Naabeehó binant'a'í nilínigíí. Diné baa dahojoobá'í, bee bich'į' 'anídahazt'i'ii łą́ níigo yee naaltsoos 'ánááyiidlaa lá. T'áá daats'í ha'át'éego da béeso ła' nihich'į' ch'ídidoot'ááłgo bee na'anishí Diné bee bá nahidoonih. Tsinaabąąs, 'índa bee hahwiikaahí, bee nahwiildlaadí, 'índa béésh 'adishahí 'anít'i' biniiyéhígíí dóó tł'oh waa'í bináá' da díí t'áá 'át'é Diné bá nahidoonih. Díí t'áá bí yee 'ák'i ndaaldzil dooleeł. "Kéyah bik'iji' tó hadaasgeed 'ádadoolnííł ha'níigo kóhoot'éédą́ą́' béeso ła' biniiyé ch'ídeet'ą́ą ni'. 'Éí dó' t'áá tsxį́įłgo ła' daadzaago dóó kéyah bee binda'doonishii ła' bá shóozt'e'go ts'ídá yá'át'éehgo díí tóhígíí Diné chodayooł'į̆į dooleeł," níigo dó' naaltsoos yee 'áyiilaa lá ha'a'aahgóó.

"Diné t'áá 'iiyisíí bich'į' ndahwii'ná. T'áadoo le'é t'áá 'iiyisíí deinízindi t'áadoo yik'é ndayóléʼí da. 'Áádóó díí diné k'ad t'áá yá'át'éehgo kéyah baa 'áháyą́ą́jí yaa ńtsídadiikééz. 'Adahwiis'áágóó díkwiigo shį́į́ t'áá hazhó'ó ch'il 'ádaadin díí diné bikéyah bikáa'gi. 'Áko ńléí tł'óó'góó ła' ch'ééda'niłka go 'áádę́ę́' Bilagáanaa 'ádaat'éii yaa saad dahółǫ́.

'''I'íí'ą́ą́dą́ą́' 'ákót'éego nááhóóne' naghai béésh nít'i'dę́ę́go. 'Áájí 'ei Bilagáana béésh nít'i' bee bídahólníihii 'ádaaní, kéyah nihaa dahideest'ánę́ę́ jó Naabeehó dine'é da ła' yikáá' ndahaaznáá léi' biniinaa kodóó t'áá háíida, Bilagáana da kéyah yik'é ni'doolééłę́ę́ deiníłtł'a daaní. 'Índa Naabeehó bit'áagi da doo ndahidii'néeł da daaniigo 'áájí' doo dabini' daaní. Díí shił bééhózingo t'áá 'aaníí 'ákódaaní. 'Áádóó díí Arizona wolyéego náhásdzooígíí yii' Bilagáana daho'aahii 'áłah nádleehgo t'áá 'ákót'éego yaa saad dahółǫ́. Diné díí kéyah bá náhásdzooígíí t'áadoo yiyi'dóó ńléí tł'óó'góó ch'ééddaakahí daaníigo yaa saad dahółǫ́.

'''Áko ndi díí kéyah bikáá' 'áhoot'éhígíí bąągo dóó diné t'áá 'iiyisíí ha'át'íhii da bee 'ádaadinígíí bąągo t'áá kóne' hoodzo góne' bésdzil dooleełígíí doo ts'ídá bihónéedzą́ą́ da. Shádi'ááhjí dóó 'e'e'aah biyaají diné kéédahat'íinii ts'ídá 'aghá nahalingo bich'į' ndahwii'ná. 'Áádóó díí diné bikeyah bikáá'góó tó hadaazlínígíí t'áá 'iiyisíí t'áá dabikáá' nahalin 'ákǫ́ǫ́ hasht'e dahojóle'ígi le' 'ádaat'é, dóó ńléí tó dadeezlį́į́góó bidádazh'dółtł'ingo tó dah naazį́igo 'ádajóle' kót'éego bee diné bee bíká 'ajójeehígi 'át'ee ndi doo bá yaa yinít'íní da. 'Aadóó bee bíká 'i'doolwołii daashį́į́ néelą́ą́', hazhó'ó bił naawółta go da díí diné nilíinii t'áá bí kéyah nizhónígo yaa 'ádahalyą́ągo nizhónígo yee nááŝ dookahgo da 'át'é. 'Índa 'e'e'aahjí hoodzooígíí náás deesyáago ńléí Tooh (Little Colorado) nílínígíí bee hoodzogo 'ályaago dóó kojí shádi'ááh bich'ijí hoodzooígíí náás deesyáago ńléí Kiis'áanii bihoodzooígíí shádi'ááhjí gónaa t'áá bił hoodzogo 'ályaago t'éiyá diné t'áá hoodzo biyi' góne' wótą go t'áá yá'át'eeh dooleeł......Díí k'ad dinéhígíí t'áadoo ha'át'éego da ha'a'aahdę́ę́' bíká 'anáá'oolwodí nínáánááhaigo dóó t'áá bilááh-

jí' kónááhoot'éhé t'áadoo nináádahastą́ą dago bidibé t'áá dichin dabighą́ągo t'áadoo bighaa' ntsaa ńdaasdlį́į́ dago ts'ídá t'áá 'iiyisíí dooda dooleeł sha'shin. 'Ákódzaago diné t'áá yíl'áá ńt'éé 'ałníi' biláahgo daats'í díí 'aná'ájih ha'nínígíí bich'į' 'abídi'doodził. Doodago 'éí t'óó dichin bidooghą́ął sha'shin,'' jó ńíígo ńaaltsoos 'áyiilaa lá.

'Áádóó dǫǫgo T'ą́ą́tsoh wolyéhígíí bini naadiingóó yoołkáałgo ha'a'aahgóó naaltsoos 'ánááyiidlaa Indians Binant'a'í nilíinii yich'į'. 'Éí t'éiyá Bilagáana Mr. Welsh wolyéego seesyínę́ę́ yaa halne'go naaltsoos 'áyiilaa lá. ''Ńléí Bááh Díílid hoolyéedi 'aahwiinít'įh ha'níigo kodóó 'ákǫ́ǫ́ tsinaabąąs bee dah diiyá. Kodóó ńléí t'áá bita'gi Cottonwood Wash hoolyéegi t'áá diné ła' Captain Tom wolyéé léi' dá'deestł'in 'áyiilaa ha'níigo 'ákwii baa níyá. Díí dá'deestł'inígíí nééł'į́'. Nizhónígo tsin yich'ą́ą́h yiztł'in lá. 'Áádóó tsé yine'dę́ę́' nááneíztł'in dóó łeezh t'óó 'ahayóí bił ní'áago 'áyiilaa lá. 'Áko naadiin 'ashdladi 'adées'eez bíighahgo daats'í 'áníłtéelgo naaniigo dah 'aztą́ą́ lá. 'Áádóó kojigo kéyah bik'ijigo haazlį́igo 'áyiilaa lá. 'Áájí k'éé'dıdléeh dóó bilį́į́' 'áają́ yéé'áłnih lá. 'Áko dı̨ kéyah naakidi neeznádiindi 'az'ą́ bíighahgo daats'í yikáá' hasht'e hoolaa lá. Díí k'ad ts'ídá yá'át'éeh, jó 'akon.

''Naabeehó dine'é t'áá bí be'iina' daniiiinii yee 'ák'idadéekááh daha'níigo dahane'ígíí ts'ídá t'áá 'iiyisíí doo 'ákót'éégóó 'ádajiní. Díí k'ad níláahgóó Bilagáana da béégashii yits'ą́ą' ndeiłtseedgo 'éí yee t'áá dahodilts'íid ła', 'éí daats'í 'ááłdabijini. Diné wolyéii 'atsį' t'éiya deiyá. Ła' dibé, 'índa łį́į́ da bee dahólǫ́ǫ ndi Bilagáana bee nit'į́ihii t'éiyá beda'atsį'. T'áá daabii t'éiyá doo 'atsį' yiniiyé ndeiłtseed da. Baa dahojoobá'í daniłíinii 'óolyé diné. Té'é'į́ wolyéii t'óó yóweh da bide'áániił. Dichin bighą́ t'áá 'iiyisíí. Wááshindoon t'áadoo ha'át'éego da bíká 'iilyeedígo, 'aniį́į́' wolyéii yaa nínáádidookah sha'shin. Ła' dibé da bee dahólǫ́ǫ ńt'éé, díí 'ąh dah haz'ánígíí biniinaa dóó dichin danilínígíí biniinaa baa ndahaniihgo k'ad ła' t'áá 'iiyisíí 'ayáhágo daadziih. Ła' 'éí t'áá 'iiyisíí t'áadoo yił hadadólchídí da. 'Áko ńléí béégashii da, łį́į́' da deini'įįhgo 'éí t'eiyá yee nááś yikah.

"Tóígeed bee binda'doonishii, 'índa béésh 'adishahí 'ádaat'éii da, 'aadóó k'eelyéí 'ádaat'éii ('ei nímasii, tł'oh naadą́ą́, tł'oh waa'í bináá', łį́į́' bidą́ą́' dóó t'áá naadą́ą́'ii). Díí t'áá 'át'é bá shóozt'e'go dóó k'ideideezláago dóó kót'éego dabi'di'níigo t'áá bí hasht'e deile' dóó haigo dayíłkiingo la' ts'ídá t'áá 'íiyisíí yá'át'éeh doo ńt'éé'. 'Índa dibé doo yá'ádaat'éehii ła' t'áadoo biniiyéhégóó háahgóó shį́į́ k'ee'ą́ą deinééłt'įįh. 'Éi 'ałdó' dibé yá'ádaat'éehii dóó béégashii yá'ádaat'éehii da yił 'ałgháádá'a'nilgo 'ályaago ts'ídá yá'át'éeh doo ńt'éé'," jó níigo naaltsoos 'áyiilaa lá. 'Éí dą́ą́go 'ákót'éego naaltsoos 'áyiilaa lá.

'Áádóó t'áá 'éí hoolzhishígíí ńléí hai 'íiłnii'go Yas Niłt'ees dabidii'níigo ńdízídígíí bini táá'góó yoołkáałgo Bilagáana ła' Mr. C. H. Fancher wolyéé ńt'éé', 'éí 'íídą́ą́ díí kǫ' na'ałbąąsii béésh bá nít'i'ígíí bee bíhólníihgo yich'į' naaltsoos 'áyiilaa lá. Naabeehó t'áadoo hoodzo tł'óó'góó ch'éédaakahí, baa 'áhólyą́ dabiłníigo shį́į́ naaltsoos bich'į' 'ádeiłį́į́go 'éí yiniiyé naaltsoos yich'į' 'ánáyiidlaa lá. Naabeehó tł'óo'di dabighanii t'áá 'át'é naa yah 'anáojeeh dahałníigo shį́į́. Béésh ńt'i' bee bídahólníihii shį́į́ ts'ídá 'agháago 'ádaaní. 'Éí bąą naaltsoos bich'į' 'ájiilaa lá.

"Naabeehó dine'é díí kéyah bá náhásdzooígíí t'áá 'íiyisíí 'áhoołts'íísí, dóó 'índa díí diné na'aldloosh ndeiniyoodígíí ch'il bá 'ádaadin, 'áko ti'hoo'níih wolyéii t'áá 'íiyisíí yił 'ahaa naakai. T'áá 'ákót'éego baa hashne'go ńléí ha'a'aahgóó naaltsoos bee 'ahishnííł.

"Diné bá tó binda'doonish, tóígeed da 'áda-doolniił dóó be'ek'id da dah naazyį́įgo 'ádadoolniił biniiyé kóhoot'éédą́ą́ ha'a'aahdę́ę́' béeso ła' ch'ídeet'ą́ ha'nii ni'. 'Áko 'éí t'óó 'ákódzaaí t'eiyá. T'ah doo ndi łáhágo tó bida'diníish da. Díí k'ad diné bikéyahígíí bikáa'góó tó dahólǫ́ǫgo 'ádaalyaago dóó yá'át'éehgo kéyah diné yee dahideeznaadgo diné lą́'í díí kéyah bá náhásdzooí góne' yah 'anídahidoo kah sha'shin. Díí k'ad 'áhoot'éhígíí t'áá 'ákóhoot'éego 'éí doo 'ádadooniił da. Yah 'ánánool kaad ndi Wááshindoon h'iyáán bá yisnilgo

t'éiyá yisdá dookah. Doodago 'éí dooda. Ńláá ha'a'aahdę́ę́' 'ádaaníigo Naabeehó wolyé t'áá bí 'ák'i ndadikaigo doo bich'į' 'ańdahaz t'i'góó kéédahat'į́ daaní. T'áá 'éí biniina kodóó diné 'áadoo le'é ch'ééh bá dayíniikeec Naakits'áadah nínádízi'go béeso ła' nih ch'íná'nił lá ndi. 'Áko ndi 'éí tsosts'idi mí dóó bi'ąą 'ashdladi neeznádiin t'áá 'ákódíg nihá niná'nił. Díí béesoígíí diné bá 'oonish nilínígíí ts'ídá t'áá 'áłtsojį' choo'į. 'Áko t'ó 'ahayóigo haz'ą́ t'áá bi'oh nihiniłneeh.

"Ńléí ha'a'aahdi Indians Binant'a'í dal sidáhígíí bich'į' t'áá 'ahą́ą́h nahalingo bich'į naaltsoos 'ásh'į kodi diné bitahdi 'ádahoo t'éhígíí baa hashne'go. Doo ha'át'éego da bik' dadoołdzíiłgóogo Bilagáana yee da'ni'įįhgo yaa nínáádidookah sha'shin dishníigo ch'ééł bee bił dahashne'.

" . . . . . .T'áá ńléídę́ę́' t'áá shił béé hózin díí kodi diné bitahdi 'ádahoot'éhígíí 'áko níláah Wááshindoongóó ch'ééh baa ná háshnihgo doo ts'ídá dayoodlą́ą da nahalin Doo t'áá 'ei béésh nít'i' bich'į'go t'eiyá diné ch'ihííjée' da. Náádaałahgóó dó' t'áá 'ákó daat'éego 'át'é. Diné bilį́į́ dichin dabighą́ 'é yąą hoodzo tł'óó'góó t'eiyá choda'ooł'į.

"Jó 'ei 'áájí béésh nít'i'ígíí t'áá 'aaníí bee níhólníih, 'ei t'áá 'aaníí 'át'é. 'Áko t'áá n ha'át'éego da Wááshindoongóó díníyáagc 'áadi Indians Binant'a'í nilíinii bee bił yah 'íiníyáago ha'át'éego shį́į́ yee nich'į' hadoo dzih. 'Áádóó 'ei Bilagáana hakéyah da'ílíinii 'ákǫ́ǫ́ Wááshindoongóó t'áá hó biniiyé 'ałnáá dajikahgo shį́į́ t'eiyá 'áadi dahodi'doodlą́ą́ł. 'Áko shį́į́ 'índa t'áá bihónéedzą́ą́ góne' nihc 'ádeidooliił. Díí 'éí kodóó 'ákót'éego ch'ééh bee bił dahashne'. Naabeehó wolyéii k'ad t'áá 'íiyisíí baa dahojoobá'í daazłį́į́go 'át'é ła'. 'Éí ch'ééh baa dahwiilne'. T'áá 'éidíígíí yik'ee 'ákǫ́ǫ́ Bilagáana bitahgóó łą́ągo yigááł. 'Ákwe'é bee 'át'é. 'Akǫ́ǫ́ Bilagáana bídahólníihii dah naazdáágóó ch'ééh baa dahwiilne'. Bilagáana ńléí kodi diné yitah ńdaakahii t'eiyá bił béédahózin. 'Áko t'áá 'ákódaaní. Díí k'ad t'áá ha'át'éego da t'áadoo le'é diné bee bich'į' 'anídahazt'i' danilíinii bá baa hwiinit'įįgo bee bíká 'o'oolwodgo t'eiyá díí

72

kojį́ Bilagáana bikéyah dahólóonii yá'át'ééh ninádookah daaní. 'Éí t'éiyá t'áá 'ákót'éego nayik'ítsídaałkees. Ńléí ha'a'aahdę́ę́' t'áadoo le'é bee bíká 'o'oolwodgo t'éiyá yee hasht'e' ninádookah daaní. . . . . .Shí 'éí díí diné bee bide' 'ádahoot'éhígíí t'áá 'át'é bá shił bééhózin. Tsxį́įłgo bá baa hwiinít'į́įgo t'éiyá t'áá yá'át'éehgo nídookah. 'Áko ndi ńléí nízaadi kéédahat'íinii ch'ééh bee bił dahashne' dishnínígíí 'éí t'áá 'aaníí,'' jó níigo kót'éego naaltsoos 'áyiilaa lá Lt. Plummer wolyéego Naabeehó binant'a'í nilį́į́ ńt'é'ę́ę.

Díí k'ad kót'éego Bilagáana nihinant'a'í silį́į́' ńt'ée'ii t'áadoo le'é diné yá yaa yinít'į́į ńt'éé' lá, 'akon. T'áá 'áádę́ę́' ndi ts'ídá díí 'ólta'ígíí t'éiyá diné yee náás dookah níigo yaa yinít'į́į ńt'éé' lá, 'akon. 'Áko ndi diné łą'í ch'ééh 'ádabi'dool'įįd niha'áłchíní bíni' da'ólta' dabi'di'níigo. T'áá ńléí háádę́ę́' shį́į́ yik'ehgo kéédahat'ínę́ę t'ah ndi t'áá 'ákót'éego kéédahat'į́, kojį́ Bilagáana k'ehgo 'iináanii ch'ééh bá bíchą́hwíídéeni'go doo ndi deiníł'į́į da. Díí diné łа' Bilagáana doo t'áá 'ahą́ą́h dayoo'į́į da. 'Áko Bilagáana wolyéii łáháda nihitaadaakaii 'ádaolyé danízin. 'Índa 'akał bistłee'ii Naabeehó bináhásdzo binaagóó kéyah ńdayiizlá'ígíí t'éiyá dayoo'į́. Díí ńléí ha'a'aah biyaajigo Bilagáana 'eel'áhígíí 'éí doo bił béédahózin da. 'Áko tsiłkéí łа' 'ádeinízingo Bilagáana bił 'ałk'iijéé'go t'áá 'íídįį 'ałtso ndahosiiltseed danízin. 'Íídą́ą́' 'ákót'éé ńt'éé' lá, 'akon.

'Áádóó 'índa díí 'ólta'ígíí ndi t'áá 'áádę́ę́' t'áadoo yá'át'ééh 'ádaalyaa da. 'Áłchíní da'ólta'ígíí 'ayóigo 'atídaal'į́įgo biniinaa diné t'óó 'ahayóí ba'áłchíní yaa danichį'. 'Áádóó 'éí Bilagáana Lt. Plummer wolyéii diné yinant'a'í silį́į́' dóó yich'ą́ą́h niníyá nahalin silį́į́'. 'Áłchíní da'ólta'ígíí t'áadoo 'atídaał'íní hałníigo. K'ad niha'áłchíní doo 'atínáádaal'į da dooleeł níigo diné yił dahalne'go t'áá shǫǫ łа' ba'áłchíní nináádayiis'nil. 'Índa Bilagáana bá da'ólta'í daniłíinii, yá'át'éehgo bá da'ólta'ii, yiniiyé 'idahooł'ą́ą'ii ts'ídá t'áá 'íiyisíí bídin hóyée'go hoolzhiizh. 'Índa Bilagáana díí t'áá 'ólta' haz'ą́ągi t'áá tł'óó'góó t'áadoo le'é yindaalnish dooleełii ndi t'áá 'íiyisíí t'áá bídin

dahóyée'go hoolzhiizh. T'áá shį́į́ dahólǫ́ǫ ndi diné yitahjį' doo dabíni, da. Ńdaaldzidgo shį́į́ łа'. 'Áádóó 'índa 'íídą́ą́' t'áá 'íiyisíí doo 'asohodoobéézhgóó nahaz'ą́ą́ ńt'éé díí diné bikéyah bikáa'gi. Bá'ólta'í daniłíinii ndi t'áá 'íiyisíí doodago bich'į' nda'iilyéé ńt'éé' lá. Hastą́ądi neeznádiin t'áá 'ákódígo hach'į' ndahalyéé ńt'éé' lá ńléí naakits'áadah nínádízi'jį'. 'Áádóó na'anishgi t'áá 'íiyisíí doo 'asohodoobéézhgóó na'anish, 'éí yąą bá'ólta'í daniłíinii doo kojį' dabíni' da. T'áá ńléí ha'a-'aahdi naanish bá dahólǫ́ǫ dóó 'áadi 'ílį́įgo bich'į' nda'iilyé. 'Éí 'ałdó' biniinaa diné bitahjį' doo dabíni' da.

Díí k'ad Bilagáana kǫ́ǫ́ daah'ínígíí doo t'áá 'éí t'éiyá kéédahat'į' da. T'óó 'ahayóí kéédahat'į́įgo 'át'é. Díí dadínóoł'įįł dóó 'índa háadi da ha'át'íi da bi'doołį́íł biniiyé nihich'į' niiní'ą́ągo doo ch'ééh 'ánihidooł'įįł da, 'áádóó 'índa kojį́ 'íhoo'aah wolyéii, 'ólta'jį́ bídahoo'aahii biniiyé 'ádaha'níinii t'áá nihí nihahastói daniłíinii łа' t'áá bináá' yee deidínóoł'įįł níigo shį́į́ díí Bilagáana diné yinant'a'í nilínę́ę ńléí ha'a'aahgóó hastói łа' tádidookah níigo yinahaz'ą́ą́ ńt'éé'. 'Áko 'éí ńlą́ą́h ha'a'aahgóó Indians binant'a'í nilíinii yich'į' hane' 'áyiilaa. Ha'át'éego lá díí hastói bá bik'é ni'doolyééłgo 'akǫ́ǫ́ Wáashindoongóó da, t'óó ha'alzídígíí yiniiyé tádidoot'ish lá níigo shį́į́ yee naaltsoos 'áyiilaa. Ńt'ee'go béeso 'ákódaat'ééjí choo'į́ biniiyé sinilii 'ádin hodoo'niid lá 'áádę́ę́'. 'Áko ha'a'aahgóó 'adeesdee' yę́ę t'áá dooda silį́į́'. Díí Bilagáana diné yinant'a'í nilínígíí 'éí t'áá ńléí ha'a'aahdi bik'éí łа' dabighan. Bimá nilíinii dó' 'áadi bikéyah hólǫ́. Diné łа' 'ákǫ́ǫ́ dé'eezhgo 'éí t'áá ńléí shimá bighandi bił ńdeeshkahgo 'ákwii díkwíi da danihiidoołkááł níigo yinahaz'ą́ą́ ńt'éé' lá. 'Éí 'ákódzaago shį́į́ diné díkwíígóó tádookai dooleeł ńt'éé' 'Áko ndi yáál kodóó bik'é hodoot'ihii 'ádinígíí biniinaago t'áa dooda silį́į́'.

1893 wolyéego yihahą́ą biyi' 'ałdó' ńléí Chicago hoolyéedi ńléí da'níłts'ą́ą́'dę́ę t'áadoo le'é dadínóoł'įįł biniiyé bił nda'iizná. World's Columbian Exposition wolyéego t'áadoo le'é danil'ínígíí bił 'áłah 'azlį́į́. 'Áko kodóó Bilagáana Lt. Plummer wolyéego Naabeehó yi-

nant'a'í nilínéę diné ła' 'ákǫ́ǫ́ deesh'ishgo da-
bidoonáái, t'áá na'nitinígíí nilįįgo níigo yiho-
deez'ą́ą́ lá. Indian Rights Association wolyée-
go yee dah yikahii shį́į́ hoolne'. T'áá 'áko
'áádę́ę́' yáál bik'é hodoot'ihii ła' bá ndeiznil.
'Íídą́ą́' Bilagáana ła' Mr. Herbert Welsh wol-
yéé léi' díí Indian Rights Association wolyéego
yee dah yikahígíí yinaaltsoos 'íít'íní nilįįgo, 'éí
shį́į́ béeso ła' há ch'iidini'ą́. Díí 'ákǫ́ǫ́ na'as-
dee'ígíí yaa halne'go naaltsoos yee niiniłtsooz
lá. 'Éí t'ah ndi naaltsoos bee siłtsooz. 'Éí díí
naaltsoos 'áninígíí kwii ła' bee nihił hodoonih.

Díí kwii naaltsoos biká'ígíí Indians Binan-
t'a'í nilíinii bich'į' 'ályaa lá, 1893 yę́ę́dą́ą́'
shį́į́go Ya'iishjááshchili wolyéego ńdízídígíí
bini 'ashdla'góó yoołkáałgo. 'Éí ńléí Chicago
hoolyéégóó Naabeehó ła' doot'ishígíí bee
shadi'díí'ááł bijiníigo bich'į' naaltsoos 'ájiilaa
lá. "Díí k'ad 'aak'ee hazlį́'ígíí t'áá haa'í da
'akǫ́ǫ́ ha'a'aahgóó Naabeehó ła' doot'ish t'áá
díkwíigo da. 'Éí bee shadi'díí'ááł. Wááshin-
doondi dookah dóó ńléí kin lą'í dah naazh-
jaa'góó díkwíigo da dookah, 'éí t'áá na'niti-
nígíí nilįįgo t'áadoo le'é t'áá bí deinił'įįgo yaa
'ádahodínóozįįłígíí biniiyé.

Díí k'ad kót'éego Naabeehó ła' t'áá ńléí
Bilagáana bitahgóó tádoot'eezhgo t'éiyá ts'ídá
t'áá yíní 'át'éegi yik'idadi'dootį́ł t'áá bí ha-
da'asíidgo. 'Aadóó bee da'iiná daniłíinii t'áá
'ałtso deidínóoł'įįł. T'áá kodi t'óó bee bił da-
hane'go, t'ááłáhágóó náhodiilzhíishgo bee
bich'į' yádaati' ndi 'éí doo yee yik'idadi'doo-
tį́ł da. Naaltsoos wólta' wolyéii doo yéédahó-
sin da 'éí bee 'át'é. 'Áko t'áá bí neinił'įįgo
t'éiyá yá'át'ééh nisin.

"Díí diné 'ákǫ́ǫ́ ha'a'aahgóó dookahii 'éiyá
ńléí hózhǫ́ nii'oh nahalindi kéédahat'íinii ła'
bits'ádoo'niłgo 'éí 'ákǫ́ǫ́ doot'ish. Jó 'éí 'áadi
kéédahat'íinii ts'ídá t'áá 'íiyisíí t'ą́ą́ shijéé'
nahalin. 'Ólta' ndi doo deinízin da.

'Áádóó 'índa díí k'ad tsíłkéí danilínígíí ła'
doo nihíhonee'ą́ą́góó, Bilagáana ndi doo nihí-
daneel'ą́ą́góó kééhwiit'į danízin. 'Éí díí k'ad
Bilagáana t'áá díkwíí kéédahat'įįgo dayoo'íní
yǫǫ 'ákódeinízin. Díí k'ad Bilagáana 'áńéel-
t'e'ígíí dó' deidínóoł'įįł 'éí biniiyé.

"'Áádóó t'áá 'áníidígo Bilagáana siláago

ła' kwii níná. Naakigo dah yikah daats'í níná.
'Áko t'áá 'íiyisíí lą'í yíkai. 'Áko 'éí 'ákwe'é
diné ła' 'ání, ńléí háadi shį́į́ Bilagáana t'óó
'ahayói kéédahat'į ha'níigo dadiits'a'. 'Áko
t'áá 'aaníí sha'shin. Bilagáana siláago 'ei ni-
haa yíkaaígíí t'ah doo 'akónéelą́ą́'gu deiltséeh
da ńt'éé' níigo yee haadzíí'.

Jó 'akon, 'éí bee bééhozin. Naabeehó wol-
yéii ha'át'íi da t'óó jiní jiní ha'níinii doo ts'ídá
dayoodlą́ą́ da łeh. T'óó yáátsík'eh danízin łeh.
T'áá bí t'áá bináá' yee deinił'įįhgo 'índa
da'oodlą̨ąh. Díí 'ólta'ji ndi t'áá 'ákónáánát'é.
Díí k'ad ńléí hótsaago Bilagáana ba'áłchíní
da'ólta'góó yitah tádookaigo, 'índa bídahoo'-
aahii hadayíisidgo t'éiyá yaa 'ádahodínóozįįł.
'Áádóó bidine'é yił ńdahoolne'go 'áadi shį́į́
'índa díí biniiyé 'ádahat'íinii deidoołtsééł. Díi-
díígíí biniiyé 'ádíshní," jó níigo naaltsoos
'áyiilaa lá.

'Áádóó 'índa Indian Rights Association wol-
yéego yee dah yikahii yich'į' naaltsoos 'ánáá-
yiidlaa lá, 'éí Bilagáana Mr. Welsh wolyéhę́ę
'íiyisíí bich'į'. 'Éí díí kodóó kǫ na'ałbąąsii diné
bá bik'é ndoolyéłígíí ts'ídá kohgo bíighah lá
níigo yee naaltsoos 'áyiilaa lá. 'Áádóó 'índa
díí diné ha'a'aahgóó deeskaaígíí hastói 'aląą-
jį' naazíinii doo 'éí 'ádaat'įį da níigo naaltsoos
'áyiilaa lá. Tsíłkéí t'ah 'ániid ndaakaii 'éí
díkwíigo da 'iih doo'nił, háálá 'éí "ts'ídá
'agháago t'ą́ą́' shijéé' nahalin, 'éíísh Bilagáa-
na t'áá díkwíjilt'éhígíí 'ayói 'ádazhdooniíł,"
daaníinii 'éí díí Bilagáana 'áńéelt'e'ígíí bił
béédahodoozįįł biniiyé ła' 'iih doo'nił. Hastói
daazlį́'ígíí 'éí díí Bilagáana 'áńéelt'e'ígíí t'áá
bił béédahózin, 'índa Bilagáana be'iina' dani-
łíinii da bił béédahoozin léi' Hwééldi hool-
yéedi.

'Íídą́ą́' naaltsoos t'éiyá 'ałch'į' 'ádaal'įįgo
'ahił dahane' ńt'éé'. 'Áko kodóó ńléí ha'a'aah-
góó Mr. Welsh wolyéii bich'į' naaltsoos 'ánáá-
nályaa lá. 'Éí Ya'iishjááshchili wolyéego
ńdízídígíí naadiin náhást'éígóó yoołkáałgo.
Díí k'ad kodóó 'akǫ́ǫ́ deekaigo Vassar hool-
yéegi hótsaago 'at'ééké t'éiyá da'ólta'ígi dii-
kah sha'shin, "Háálá Naabeehó be'at'ééké-
hígíí ts'ídá t'áá 'íiyisíí 'agháago yaa danichį'
nahalin. Díí 'ólta' ha'nínígíí doo 'at'ééké bá

'át'ée da daaníigo. 'Éidíígíí bił béédahodoozįįłígíí bąągo díí 'at'ééké da'ółta' ha'nínígíí dookah shí kót'éego bá baa ntséskees," níigo naaltsoos yee 'áyiilaa lá.

'Éí ńdeezid dóó łaa'ii dóó hanááyííłkąągo Bilagáana ła' Major S. K. Hooper wolyé, 'éí kǫ' na'ałbąąsii bee nda'aldeehjí bee bíhólníihgo 'éí yich'į' naaltsoos 'ánááyiidlaa lá. "Naabeehó 'ólta' wolyéii ts'ídá nihá yá'át'ééh ch'ééh dabidii'níigo t'áá 'awołí bee nihits'ą́ą́' t'ą́ą' shijéé'. 'Áko ńléí ha'a'aahgóó ła' doot'ishgo 'áadi Bilagáana ba'áłchíní da'ółta'ígíí t'áá bí deidínóoł'įįł dadii'níigo bindahosiit'ą́. 'Áádóó 'índa tsíłkéí daniłíinii ła' díí Bilagáana nihik'ijiijée' ndi doo nihídazhneel'ą́ą da daaníigo biniinaa doo ts'ídá nihik'e dahół'įį du. Hání' háágóó hoł 'áda'ahiil'į daaní ła'. 'Éí díí k'ad Bilagáana 'áneelą'ígíí bił béédahodoozįįł. 'Áko daats'í doo 'ádaanii da dooleeł. Łahgóónee' diné ła' t'áá 'ádabi'di'nínígi 'át'ée ndi díí ńléí kojí náhookǫs bich'iji diné bił honit'i'ii 'éí t'áá 'iiyisíí t'ą́ą' shijéé' nahalin. 'Áko díí ha'a'aahgóó deeskaaígíí 'áádę́ę́' ła' bąąh hadoo'nił dóó t'áá 'áádóó níwohjigo Dibé Ntsaa bine'jí Kin Łání hooyéhéjigo hadoot'ish t'áá ha'át'éhégo da. 'Áádóó ńléí Denver hoolyéedi dookah. 'Éí 'ákwii kin haal'áhígíí deidínóoł'įįł dóó níwohjí' Chicago hoolyéedi náádookah. Ńléí Wááshindoongóó dó' dookah dishníí ńt'éé' 'éí t'éiyá dóó bíighah da silį́į́'. Wááshingóó yáál ła' chééh bá dayíníikeed. 'Éí 'áádę́ę́' yáál ła' shóozt'e'go 'éí t'áá ńléí Wááshindoongóó tádidookah ńt'éé'," jó níigo kót'éego naaltsoos 'áyiilaa lá 'éí béésh nít'i' bee bídahólníihii bich'į'.

'Éí kót'éego naaltsoos 'ałch'į' 'ádaal'įįgo yíshį́į́ dóó 'índa 'aak'eego Ghąąjį' wolyéhégíí bini táá'ts'áadahgóó yoołkáałgo Na'nízhoozhídóó dah 'adiildee' lá. 'Éí 1893 yę́ędą́ą́'. Indian Rights Association wolyéego yee dah yikahii yáál yee háká 'ííjé'ę́ę 'éí t'éiyá bik'é dah 'adiildee'. Diné t'áá dahóyaanii ła'ts'áadah yilt'éego 'ahii'nil lá. 'At'ééké da'ółta'ígíí 'éí t'áálá'í. Ashiiké da'ółta'ígíí 'éí naaki. 'Áko shį́į́ díí'ts'áadah jilt'éego dah hodi'diit'eezh. Naat'áanii Lt. Plummer wolyéhę́ę shį́į́ t'áá bił dashdiikai. Ńléí Kansas City dóó níwohjį' hoł

'oolwoł ńt'éé' diné bił jookahą́ą tált'éego hágo dahałníigo bił dashdineezbin jiní. 'Éí 'áádę́ę́' ná'ildee'go diné tált'éego kódashidííniid jiníigo bee naaltsoos 'ánáájiidlaa lá 'éí ńléí béeso yee háká 'ííjé'ę́ę bich'į'.

Kansas City dóó níwohjį' hoł dah náá'diilwodgo diné tált'éego 'ádahałní jiní "Ńléídę́ę́' nihahastói yę́ę, 'índa danihizáanii yę́ę da yee nihił dahalne' łeh ńt'éé' díí kojį' kéyah bikáá' 'ádahoot'éhígíí. Ńt'ée'go ła'í ndi doo dó' bit'áháji' 'ádahoot'ée da lá. 'Éí k'ad nihił béédahoozin. Bilagáana ndi 'ádaadin kojį' dajiníigo baa dahojilne' ńt'éé'. Jó ńt'éé' 'éí t'áá bízhání t'óó 'ayóigo yíl'áá lá. Nihitsiłkę'é bąąhági 'ánáádaat'įįgo díí shį́į́ t'áá 'át'é bee hach'į' háádeidzih dooleeł níláahdi nináhaakaigo," daaníigo yee shich'į' hadaasdzíí' jiníigo bee naaltsoos 'ájiilaa lá.

Ńléí Chicago, 'Illinois (Shikáá'góó ch'élnóodii) hoolyéedi jíkaigo t'áadoo le'é daníl'į bił 'ałah 'ílínídi niho'deet'eezhgo t'áá 'áadi ńdahwiilkááh ńt'éé' jiní. T'áadoo le'é daníl'į́į́góó t'áá 'ałtsogo bitah táho'doot'eezh jiní ts'ídá hazhó'ó bee hoł ndahane'go. 'Éí kót'éego t'áadoo le'é daníl'íinii bitah tá'dooldee'. 'Áádóó ńléí kintahgóó tánáázhdookai jiní. 'Éí 'ákǫ́ǫ́ hótsaago t'áadoo le'é 'ádaal'įįgóó náádazhnééł'į jiní.

'Áádóó shį́į́ díí Ghąąjį' wolyéhígíí naadįįła'góó yoołkáałgo dah náhodi'diit'eezh. 'Éí ńléí Tséhootsooídi naadįįd'ígóó yoołkáałgo nijíkai jiní. T'áá 'éí bijį́ diné t'áá łą Tséhootsooígi ndaakai léí 'i'íí'ą́ągo 'ałah 'ályaa 'áłchíní da'ółta'ígíí dó' bił. 'Éí shį́į́ 'ákwii diné ńléígóó naaskai yę́ę ndahane'. Kót'éego Bilagáana kéédahat'į́į lá dajiníigo. Diné ndilt'éego 'éí 'ólta' wolyéii ts'ídá t'áá 'iiyisíí nihá yá'át'ééh Naabeehó niidlíinii, 'éí bąą niha'áłchíní t'áadoo 'ólta' bąąh daah'íni níigo yááłti jiní. Yáál ńléígóó bik'e na'asdee'ii 'éí tsosts'idi neeznádiin dóó bi'ąą 'ashdladiin dóó bi'ąą díí' dóó bi'ąą tsosts'idts'áadah sindáo bik'e tá'dooldee' lá jiní. 'Éí shį́į́ t'áá 'ákót'éego ńléí ha'a'aahgóó bee naaltsoos 'ánályaa Bilagáana Mr. Welsh wolyéego béeso há niinínil ha'nínę́ę bich'į'.

Bilagáana Plummer wolyéego Naabeehó

yinant'a'í silį́į́' dóó 'índa diné 'ólta' t'áá yida-néésdlįįd. 'Áko ndi t'áá 'áádę́ę́ 'ólta' t'áá nihi'oh neel'ą́ągo hahoolzhiizh lá. 'Ólta'go nahaz'ą́ągóó 'áłchíní hadadeezbin díí k'ad 'ádaat'éhégi 'át'éego. 'Ólta' hada'déébįįdígíí ńléí ha'a'aahgóó Indians Binant'a'í nilíinii bee bich'į' naaltsoos 'ájiilaa 1893 yę́ę́dą́ą́ Níłch'itsoh wolyéhígíí bini naadiin hastą́ągóó yooł-káałgo. 'Éí shį́į́ ńléí Lók'a'deeshjin hoolyéedi 'ólta'ígíí bee hojilne'go 'ákǫ́ǫ́ bee naaltsoos 'ájiilaa. 'Íhoo'aahjíígíí t'áá yá'át'éeh ndi, kin naaznilígíí t'eiyá 'ádaat'é ni. "T'ááłá'í haz-'áni góne' 'áłchíní tseebídiin, 'índa neezná-diin da danijah, 'azee'ííł'íní 'ádaaníigo 'áko-honíłtso góne' 'áłchíní dízdiin t'áá 'ákódigo bíhóoghah daani. T'áá lá 'aaníí ńléí diné dabi-ghangóó hooghan yázhí yii' ba'áłchíní yił hadadeezbin ndi ni. Jó 'ako ndi kwii 'ólta'gi 'éí łahgo 'át'é. Háálá k'ad naałniih díkwíí shį́į́ 'áłchíní da'ólta'ígíí bitah hóló̜. Kóhoníshéí góne' 'ałk'inaakaaígíí 'éí bee 'át'é. 'Áko 'ahi-da'dilna'go ts'ídá t'áadoo bihónéedzání da. 'Índa háadi da 'áłchíní díí naałniih danilíinii ła' bizéé' yist'įįdgo, t'áá kin yii' ádin silį́į́'go, diné hazhó'ó ba'áłchíní da'ólta'ą́ą t'áá 'át'é 'ólta' ba'áłchíní yits'á ńdeidiyoo'ish, 'éí bą́ągo díí 'ólta'gi 'áłchíní t'ááłáhá góne' 'ałk'é'níłígíí ts'ídá doo yá'áshxǫ́ǫ da. 'Índa ch'iyáán 'ál'į bá haz'ą́ą́ góne' ndi t'áá 'ákóne' 'áłchíní ńda'adį́įh. Kóhoníshéí góne' 'áłchíní 'ałk'inaa-kaigo ńda'adį́įh. Kin 'ashiiké yii' dabigha-nígíí dóó 'ashiiké yii' tá'ánídadigisígíí ndi biyi'dę́ę́' t'ahdoo hazhó'ó hasht'eelnéeh da. Wódahdę́ígíí t'ahdoo hazhó'ó hasht'eelnéeh da. 'Índa 'ashiiké tá'ánídadigis dishníní góne' dó' ni'góó niná'ílkaadgo t'eiyá yá'át'éeh doo-leeł. 'Índa kin t'áadoo le'é biih ńdaa'niłii dó' t'áá 'iiyisíí bídin hóyéé'. Łahgo 'áhoołts'íísígo haz'ą́ léi' góne' 'ak'áán dóó nímasii bił yanáa'á. Nímasii t'óó 'ahayói deesk'id. 'A-k'áán dó' t'áá 'ákót'éego deesk'id. 'Áko ch'é'é-tiingi t'eiyá 'áhoołts'íísígo haz'ą́. 'Áádóó díí doo hózhǫ́ yá'át'éehgóó bitah naazhch'i. 'Áko ńléí 'atł'áahdi naazyínę́ę t'áadoo hodina'í dadidoołdził shą'shin nímasii yígíí. 'Éí 'áko-dzaago 'ak'áán bił yanáa'áhą́ą bídadiich'aal-go t'áá 'át'é doo łikan da 'iidoolíił. 'Éí t'áá

'ákót'éego bee bááh 'ádaalyaago doo yá'á-t'éeh da doolee̜ł sha'shin. Diidíígíí bą́ągo kinígíí ła' 'ánáádaalyaago t'eiyá ts'ídá yá'á-t'éeh doolee̜ł," níigo yee naaltsoos 'áyiilaa lá.

'Áádóó 'ei Yas Niłt'ees dabidii'níigo ńdízí-dígíí bini tseebíígóó yoołkáałgo naaltsoos ła' 'ánááyiidlaa lá Indians Binant'a'í bich'į' ńléí ha'a'aahgóó. Kiis'áanii diné yitahjí kéédaha-t'inígíí daats'í 'ałdó' t'áá bee shíhólníih níigo yína'ídiłkidgo naaltsoos 'áyiilaa lá. T'áá 'ániidígo ńléí Kiis'áanii bitahgóó tádííyá, ha'át'éegoshą' niha'áłchíni doo da'ólta' da, 'ólta'jį' ndahohníiłgo yá'át'éeh bidishníigo bitah tádííyá. 'Áko t'áá díkwíí shį́į́ t'áá haa'á-t'éegi 'át'éego shich'į' hadahaasdzíí'. 'Áko 'áłchíní 'ólta'jį' ndeidiyoo'ishę́ęjį' 'ahool-zhiizhgo t'ááłá'í ndi t'áadoo ła' ba'áłchíní yił ní'áazh da. 'Ashkii ła' shił halne'go 'éí doo niha'áłchíni 'ólta'jį' ndahidii'nił da daaní jiní Kiis'áanii. Siláago nihich'į' dazhdił'áa ndi t'áá 'áko daaní jiní. Díí 'ashkii 'éí ńléí halgai hó-teel hoolyéedi Haskell hoolyéegi 'ólta' ńt'éé'. T'áá 'ániidígo 'áádę́ę́ nádzáago 'éí shá 'ata' halne' ńt'éé'. 'Áko 'éí Kiis'áanii 'ákódaani níigo shił ch'íhoni'ą́, jó níigo yee naaltsoos 'áyiilaa lá. "Naabeehójí ga' 'éí k'ad ts'ídá yá'át'éehgo 'ayóo dashidiits'a'go bitah shinaa-nish naat'i', koji Kiis'áaniijí shį́į́ 'éí daa yit'ée-go bi'oonish sha'shin, 'éí doo ts'ídá shił bééhózin da. 'Áko ndi jó t'áá hó bíni' siláago niha'áłchíni bíká ndajił'a' danihijiní lá. 'Ákó-t'éego hoł yá'ádaat'ééh lá nisingo 'éí bą́ą kodóó Bilagáana ła' Mr. Goodman wolyé 'éí 'ákǫ́ǫ́ siláago ła' bił dah dííł'a'. 'Éí shį́į́ 'aadi Kiis'áanii t'áá 'át'é yitah tádookai, 'áko ndi 'áłchíní t'áadoo ła' haa deistį́į da lá. 'Áádóó k'ad 'ánáádashizhdi'níigo siláołtsooí ła' binii-yé shóiniłt'eehgo 'éí 'ákǫ́ǫ́ dookahgo 'áádę́ę́' 'ólta'jį' 'áłchíní ła' ninádeidiyoo'ish nááda-shizhdoo'niid. 'Áko ndi 'ákódaat'éhígíí siláago ha'át'íí da yi'níłkadígíí la' shí doo bee ho-sél'ą́ą da, dóó 'ákódaat'éhígíí doo shił 'aanii da. T'áá 'aaníí siláołtsooí ła' shóiséłt'e'go 'eiyá ńléí Kiis'áanii binant'a'í hastóí 'aláąjį' ndiziíinii honiiyé hodoot'ih. Háálá 'éí t'áadoo bahat'aadí bich'ą́ąh yádajiłti'go biniinaa 'ei Kiis'áanii t'áá yił'áá ńt'éé' ba'áłchíní yaa danichį'. Shí kót'éego baa ntséskees," níigo naaltsoos 'áyiilaa lá ha'a'aahgóó Indians Binant'a'í nilíinii yich'į'.

Lók'a'deeshjin hoolyéegi 'áłchíní da'ółta'í kin t'áá bi'oh neel'ą́ą ndi lą'í da'ółta' lá ndishníigo bee naaltsoos nich'į' 'iishłaa ni' t'áá 'ániidígo. 'Éí dó' t'áá nihá baa nánít'į. 'Áádóó kwii Lók'a'deeshjingi 'áłchíní doo ła' nináádooltééł da. Doo haz'ą́ą da, 'éí bąą. Kin ła' bá nináádaas'nilgo 'índa ła' nináádahidoo'nił níigo dó' saad yighą́ą́h yidííjaa' lá naaltsoos 'áyiilaago.

Díí k'ad kót'éego Bilagáana Lt. Plummer wolyéhę́ę t'áadoo le'é yá'át'éehgo diné yá yaa yínít'į́igo, dóó diné yił 'ahéédahólzingo yinant'a'í nilį́ ńt'éé. Díí k'ad 'ólta'jį́ náásgóó kót'éego yá'át'éehgo bee náás dahodeezt'i', 'éí bąągo t'áá nihí hazhó'ó niha'áłchíní 'ólta'jį́ ndahohníił, siláago nihich'į' yil'áago 'éí ts'ídá t'áá 'íiyisíí doo yá'át'éeh da jó níigo diné yich'į́ yáłti' łeh ńt'éé. Díí k'ad kót'éego diné yich'į́ yáłti' diné lą'í yił 'ahéédahooszįįd. T'áá 'aaníí 'ání daaní diné ła'. 'Áko 'ákót'éego 'ólta' náás kóyiilaa ńt'éé. Ha'a'aahgóó Indians Yinant'a'í nilíinii bich'į' naaltsoos 'ánáánályaago kóníigo naaltsoos 'ánááyiidlaa lá, "Jį́įdą́ą́' naghái Tsénikání hoolyéédę́ę' 'áłchíní da'íidóołtahii naakits'áadahgo ná shónáánáozt'e' ha'níigo hane' shaa yít'ą. Bilagáana Naat'áanii Yázhí wolyéhę́ę 'ááji 'áłchíní ch'ééh yókeedgo yiniinaa diné ła' yił 'ałk'iijéé' ni'. T'áá 'éí yiniinaa diné t'óó 'ahayói 'ólta' yits'ą́ąjį́ neezhjéé' ńt'éé ts'ídá 'íidą́ą'. . . . . . . díí t'óó binahjį' hazhó'ó baa ntsáhákees dooleełgo biniiyé ch'íní'ą́ jó k'ad 'éiyá 'ólta' t'áá bił yá'ádaat'ééh daazlį́į́ diné, 'áko hazhó'ó 'ál'į́igo Kiis'áanii 'ałdó' t'áá 'ákót'éego yik'eh dahwiidoołtséełgo 'át'é," jó níigo yee naaltsoos 'áyiilaa lá.

Nááhai silį́į́ dóó, 1894 wolyéego hanáánááhaigo Yas Niłt'ees wolyéego ńdízídígíí naadiin naakigóó yoołkáałgo ńléí ha'a'aahgóó Indian Rights Association wolyéego dah yiikahii yich'į' naaltsoos 'ánááyiidlaa lá, 'éí shį́í Bilagáana Mr. Herbert Welsh naaltsoos 'ííł'íní nilį́igo 'éí bízhi' bikáa'go yich'į' naaltsoos 'anááyíí'ah. Kóníigo, "Ńléí Chicago hoolyéé-

góó diné t'áá díkwíí nishé'eezh yę́ę t'áá hazhó'ó diné t'áá yíl'áá ńt'éé bidiníyįįdiigi 'ádzaa. Yee 'ólta' wolyéii łahgo 'át'éego yąąh tsínídadeezkééz. Kwii Tséhootsooí hoolyéegi t'áá 'áhoołts'íísígo 'ólta', 'éí 'ákwii diné k'ad t'óó 'ahayói ba'áłchíní ndayiizh'eezh, t'ah nahdę́ę́ 'éí siláago da diné yitaa daakaigo 'áłchíní ninádayii'éesh łeh ńt'éé, k'ad 'éí diné ba'áłchíní da'ilíinii t'áá bí ba'áłchíní 'ólta'jį' ndayii'éésh hazlį́į́. T'áá 'ániidígo naghái Tsénikání hoolyéédę́ę́ 'áłchíní hastą́'áadah nát'eezh, kóhoot'éédą́ą́' 'éí 'ááji Bilagáana ła' Naat'áanii Yázhí wolyéé ńt'éé diné yił 'ałk'iijéé' ńt'éé lá t'áá na'níle'ee diné 'áłchíní yigha yii'níiłgo yiniiyé siláago táiidi'eeshgo," níigo yee naaltsoos 'áyiilaa lá.

Díí k'ad kót'éego Bilagáana Lt. Plummer wolyéhę́ę nizhónígo diné yinant'a'í nilį́ ńt'éé. 'Áádóó bikéé' góne' Bilagáana náánáła' diné yinant'a'í nááADaasdlį́į́ ndi 'éí t'áadoo ts'ídá yá'át'ééh dazh'deezh'eezh da. T'áá hó doo hazhó'ó 'ádajił'į́igóó biniinaa. 'Áłchíní da'íídóołtahii da baa saad náádahódlóǫgo nináá-háshzhiizh. 'Azhą́ t'áá 'ákót'ee ndi díkwíigo shį́í 'ólta' 'ádahoolyaa. 'Áádóó 'índa diné ba'áłchíní t'áá 'ólta'jį' ndayiiníił nááADaasdlį́į́. 'Áko k'ad díįį́ 'éí t'áá 'íiyisíí 'ólta' baa saad 'aghą́. T'áá 'áko ndi t'ááłáhági 'át'éego 'ólta'ígíí nihi'oh neel'ą́ągo hoolzhish. 'Áłchíní lą'í 'ólta' bá 'ádin. K'ad nihitahgóó da'ólta'góó daałahgóó 'áłchíní hadadeezbin, 'ałk'idą́ą́' Lók'a'deeshjin hoolyéedi 'áhoot'éé ńt'éé ha'nínę́ęgi 'át'éego.

Díí k'ad ńléí Hwééldi hoolyéédę́ę́ nináda-'iis'náádóó wóshdę́ę́ 'ádahóót'įįdii t'óó daazáa da ch'ídaast'ą́ągo bee 'ahił dahwiilne'. 'Áádóó ńléí Bilagáana diné yinant'a'í danilį́igo ńdahidinoobįįłii kodóó ńléí ha'a'aahgóó da naaltsoos 'ádeił'íinii kwii ła' naaltsoos bikáá' nii'nil. Jó 'éí ts'ídá bee 'éédahózin nahalin 1892 dóó 1894 wolyéego nááhai yę́ę bita'gi 'ádahóót'įįdii, dóó 'índa 'íidą́ą' kéyah bikáá'-góó 'ádahoot'éhę́ę. Bilagáana Naat'áanii Yazhí wolyéé ńt'éé'ii Bilį́į́ Łizhinii yę́ę 'á'ahool'įįdgi da yaa halne' díí naaltsoos. 'Índa biniinaa 'ádahóót'įįdii da yaa halne'. Kót'éego naaltsoos bikáa'go 'ályaa.

77

Kodóó 'éí hastói tált'éego bahane' bigháąh déjaa' dooleeł. Díí hastói tált'éego kwii bahane' bikáá' niijaa'ígíí ła' 'áníigo 'éí díí ńléí Tsénikánídi Bilį́į́' Łizhinii wolyéii 'áát'įįdii ts'ídá shináął 'áhóót'įįd ní. Jó díí bee nihił nahazne' nilínígíí 'éí Bilagáanají dahalne'ii dasidoots'ą́ą́'. Kodóó 'éí t'áá dinéjí hane'ígíí bigháąh déjaa' dooleeł. Díí diné dahalne'ígíí ts'ídá t'áá dahalne'ígi 'át'éego saad naaltsoos bá bikáá' nii'nil. 'Áádóó Bilagáana bizaadígíí bee bikáá' ninááná'nil, Bilagáana bizaad wólta' nihił béédahózinii t'áá 'ałch'ishjí dayínółta' ge'. Diné dahalne'jíígíí łahgóó Bilagáanają' baa náhodoonihgi t'áá ndanitł'a. 'Áko ndi t'óó halee bee ha'nínígi 'át'éego baa hóóne'. 'Éí bąągo t'áá 'ałch'ishjí wólta'go t'éiyá hazhó'ó bik'idizh'dootį́į́ł. 'Índa Bilagáana bizaad bee bik'e'eshchíníjí doo bik'izh'diitįįh dago dó' dinéjí bizaad bee bik'e'eshchíníjí jííłta'go bik'izhdi'dootį́į́ł. Jó díí t'áá 'éí bee Bilagáana bizaad bíhoo'aahii 'át'é.

BIS DOOTŁ'IZH DEEZ'ÁHÍ HOOLYÉEGI BILĮĮ' ŁIZHINII ŃT'ÉÉ' NAAZHCHǪ'

By Naakaii Dine'é Ntł'aaígíí —Lukachukai, Arizona

Shadahastói ńt'éé', 'índa dashimá sání nt'éé', Naakaii Dine'é danilįįgo, hojoobá'ígo Hwééldi hoolyéédę́ę́' nináda'iishjidgo kwii Lók'a'jígai hoolyéegi kéédahat'įį́ ńt'éé'. Kodóó shįį́ haakai nahalin silįį́'. Dleesh Bii' Tó hoolyéegi dahooghan ńt'ée'go dah 'adiiná jiní naghái dził báátis gó'ąą. 'Ákǫ́ǫ́ 'oonéełgo dahwiiłkaahgo 'ákwii shi'dizhchį jiní.

Ghąąjį' wolyéego ńdízídígíí daashin t'áá 'éí biyi' jiní. Tł'ée'go hááhgóóshįį́ deezhchxíilgo ts'ídá 'ákóne' shi'dizhchį jiní. Shichei ńt'éé' Naakai Dine'é Łigaii wolyéé ńt'éé' dóó ła' dó' Diné Táchéhéni' Biye' wolyéé ńt'éé' 'éí shįį́ t'éiyá diné nilįįgo dóó sáanii dó' díkwíí shįį́ kwii shaa naanish bíígháą́'.

Shichei tł'ízí cho'ádinii 'ayói da 'át'é halįį́ ńt'ee'go 'éí 'ákwii jiisxįįgo hááhgóóshįį́ diné bił dahózhǫǫgo da'oolghal jiní. Tł'éédą́ą́' shi'dizhchį́igo t'áá 'áko dah náá'dii'ná jiní. 'Íídą́ą́' łįį́' t'éiyá bee nda'aldeehgo. T'áá ni' dó'.

Shimá tł'éédą́ą́' shijishchį́igo t'áá ni' jiníyá jiní níwohjį' haa shįį́ nízahgi ni'ínéehgo 'áají'. Tł'éédą́ą́' yidzaazgo yas biyi' 'íldee' jiní. Ha'át'íí shįį́ yówéé 'át'éego diné t'áá bizááká kéédahat'įį́ ńt'éé' lá 'íídą́ą́'. K'adgo 'éiyá 'ajiłchiihgo hak'az biih wolyeed lágo ha'níigo honídahodéeniih łeh. 'Íídą́ą́' 'éí doo 'ákót'ee da ńt'éé' lá.

Áádoo wóshdę́ę́' haa shįį́ yit'eego shiyaa hazlįį́, 'éí doo ts'ídá hazhó'ó bénáshniih da. Neeznáá daats'í shinááhai dóó 'índa t'áá kónígháni nahalingo 'énáshniihgo hodideeshzhiizh. 'Áyąą 'ahbínigo nizhónígo 'ashhoshę́ę shichei náshidiyiiłhą́ą́h.

"Nahgóó, nahgóó. Ha'át'íí biniiyé sínítį? Nahgóó dághádílyeed. Dinigisgo háadi shįį́ deeteel t'áá 'áłtsé silį́'ígíí nik'i ch'ídoolwoł. Honíyóigo 'éí łeezh naanídaasdláadgo 'aadi 'índa shíníljool dooleeł," jiníí łeh ńt'éé' shi-

chei yę́ę. 'Índa hastói t'áá 'áłtso 'ákódajiníí łeh ńt'éé'.

'Éíshą́ 'ana dahólóonii hoł béédahózingo 'ádajiníí ńt'éé'. Shichei yę́ę 'ákót'eego t'áá nashineeyood dóó t'áá shich'į' yáałti. Doo hashkéego 'ánii da. Doo t'áá na'níle'ee 'ánii da. Hazhóó'ogo 'áshiłníí ńt'éé'. Jó 'éí 'áádę́ę́' 'ákót'eego shíiniłká.

Tseebííts'áadah shinááhai sélįį́'go, 'áají' 'aníísą́ągo, jó kodóó shinaanish naat'i' t'áá bihoniyázhígi. Shidá'í ńt'éé', T'iisyaa Bikiní wolyéé ńt'éé', tsíłkę́ęh nilįįgo, 'éí 'áyaa nikishidiilt'e'. Nikishidiił'a'. Łįį́' bá naasłóozgo. Bitsinaabąąs hólǫ́ǫgo, bilįį́' na'ałbąąsii hólǫ́ǫgo. Díí bee chizh nihiyeeh, díí bee nanilnish shiłníigo.

Ts'ídá tseebííts'áadah shinááhaigo Bis Dootł'izh Deez'áhí hoolyéegi, k'ad naalyéhé bá hooghan, ninináanii t'áá shił bééhózin ńt'éé'. Hastiin 'Adiits'a'í yę́ęni Chíí dabijiníí lágo baa 'ákoniizį́į́. Kin Hóchxǫ́'í hoolyéédę́ę́' Bilagáana Dah Shizhóód wolyéé ńt'éé' 'éí shįį́ Chíí 'ayóigo bich'ooni ńt'éé' lá. Jó 'éí 'abáágugo. 'Ako 'éí yaa ndilt'eego Bis Dootł'izh Deez'áhí hoolyéegi naalyéhé bá hooghan 'áhoolaa. Dąągo 'ákwii ni'nína. Naałniih, dinék'ehjigo "hayaayááh dahóóghánę́ędą́ą́'" dabidii'ní k'ad. 'Íídą́ą́' dąągo t'ah ńt'éé' Bis Dootł'izh Deez'áhí hoolyéegi ni'nínáa hodoo'niid. K'adshą́ Hastiin 'Adiits'a'ii yidoolyeeł léi', Dah Shizhóód yidoolyeeł léi', kót'eego 'ákǫ́ǫ́ nininááá lá.

Naalyéhé bá hooghan 'áhoolyaa dóó díí daats'í 'éí nááhaigo, 'ákwii doo hazhó'ó bénáshniih da, t'ah ńt'éé' naalyéhé bá hooghandi chizh nihoheeh nihizhdííniid shidá'í ńt'éé' dishnínígíí. 'Áádę́ę́' shįį́ chizh ho'doo'niidgo.

'Ashkii ła' Tótsohnii nilįįgo t'áá 'áłahjį'

bił tádish'aash, 'éi hoł. 'Aadóó 'aají nihinaa-
nish deezt'i'. Sitsilí 'ahidii'níigo tádiit'aash.
Naalyéhé bá hooghangi chizh nihiigeeh. 'Áł-
chíní 'ólta'jį' ndaha'niiłgo baa na'aldeeh jiní
ha'níigo yii'nii'. Ch'ínílíįjí baa na'aldeeh jiní.
Hahgo shíį kwii bił 'inééh jiní ha'níigo yii'nii'.
'Áádóó baa yiniit'íįgo chizh ha'iilbąąs.

    'Ashkihéi 'íídiiltah,'' hodíiniid hoł naash-
'aash yéę.

    ''Hágoshíį,'' jidííniid.

    'Aadóó baa yiniit'íįgo baa nihił hózhǫǫgo
tádiit'aash. 'I'íí'ąągo chizh bida nááhee'nilgo
hooghangóó dah ń'diilbąąz. Hooghandi náánii-
t'áázh ńt'éé' shidá'í yéę sidáá lá. Shichei Naa-
kaii Dine'étsoh wolyéé ńt'éé' 'éi dó' sidáá lá.
'Áko 'ákwe'é bee bił hwiilne'. '''Áłchíní 'ólta'-
jį' ndaha'niił jiní. T'áá 'ániidlah 'íídiiltah dii'-
niid,'' dii'níigo bee hoł hwiilne'.

    ''T'áá shíį 'áko. Yá'át'ééh lą́ą, sha'áłchíní.
Jó 'aadęę́ nihich'į' 'oonééł lá. Háadish dó'
baa dáádidooh'ash,'' nihizhdííniid shidá'í yéę
dóó shichei yéę.

    Biiskání naalyéhé bá hooghangóó niikai dóó
shichei yéę naaltsoos nihá bizhdeelchid. Naa-
ki yiską́ągo Ch'ínílíįdę́ę́' 'áłchíní 'ólta'góó
dadeesht'eezhígíí kwii bił 'íbąąs ha'níigo
hastói nihináál yee 'ałch'į' hadaasdzíí'.

    Yee 'ałch'į' hadaasdzíi'ii hastói ła' Wéela
wolyéé ńt'éé' Tsénikání yine'jí kéédahat'íí
ńt'éé'. 'Íídą́ą́' 'éi naat'áanii danilį́igo. Yoo'ó
'Adika'í wolyéé ńt'éé', 'éi dó' siláago 'atah
nilį́igo. 'Ayóo baa dzólníigo 'óolyéé ńt'éé'.
Ch'ínílį́idóó naagháa ndi Tséhootsooídi siláa-
go 'atah nilį́ ńt'éé'. 'Éi Tséhootsooídóó Bila-
gáana Naat'áanii Yázhí wolyéé ńt'éé' 'aląąjį'
yił yíkai lá. 'Akwii shichei ńt'éé' nihee ha-
joodzíí'.

    ''Shí díí 'ashiiké naakigo 'ólta'jį' ninishnííł,''
jiníigo bee hajoodzíí'.

    Yiską́ągo 'índa 'áłchíní bił 'íbąąs ha'níigo
t'óó hooghangóó nániikai. 'Áadi danihiiską́ą-
go 'áádę́ę́' t'áá ni' náániikai.

    Ńt'éé' 'áłchíní bił 'aníbą́ąz lá. Hastiin léi'
Tó Díchʼii'nii nilį́ ńt'éé' Chíshchʼįįd dabijiní
ńt'éé' 'éi 'áłchíní yaa 'áhályą́ągo bił na'aldeeh
lá. T'áá 'áłch'įídígo Bilagáana bizaad bił béé-
hózin ńt'éé'. 'Éi shíį bąą 'áłchíní baa 'áhólyą́ą

dooleeł bi'doo'niid. Bilagáanak'eh yádiłtihgo
'áłchíní yígínę́ę hááhgóóshį́į yináálwoł. 'Aha-
ninéí'niłgo yaa naaghá. Bis Dootł'izh Deez'áhí
binaagi 'áłchíní ndayiiznilii t'ah doo 'ałtso
ndayii'éesh da. 'Áko naaki yiską́ągo 'índa bił
dah 'adidoobąs hodoo'niid. Naghái Lók'a'jíkai
góne' dóó Tsééhílį́ góne' dóó Sǫ' Siláágóó dóó
ńléí Tséhootsooíjį'. Koshį́į 'át'éego bee haz-
'ą́ągo.

    Ńt'éé'go naghái dził bine'jí K'aabizhii dóó
Tsé Łichíí' Dah 'Azkání nahós'a'gi diné kéé-
dahat'ínígíí 'ólta' wolyéii baa ch'íhwiit'aahgo
shíį yik'ee dadiniihgo ntsídaakees lá. 'Éi t'áá
'ániidígo hastói dajizlį́'go 'ałtso 'ádajídin. 'Íí-
dą́ą́' 'ashiiké dajílį́igo 'ádajíit'įįd. 'Áłchíní
'ólta'góó 'adahat'ééš ha'nínígíí t'áá nihitah
ńt'i'í bíni' biniinaa háágóó 'ániit'ee dooleeł.
Niha'áłchíní doo ła' haa diilteeł da dajiníigo
shíį 'át'éé lá. Bilį́ Łizhinii joolyéé ńt'éé' 'éi
'áájí 'ákót'éego bee dah 'ajoo'ish ńt'éé'. Bis
Dootł'izh Deez'áhí hoolyéegi 'ákwíí yiską́ągo
biniiyé 'inééh jiní díí 'áłchíní 'ólta'jį' ndaha'-
niiłígíí kót'éego shíį dajíinii'. 'Áko shíį hwii'
ndahodik'ǫǫshgo tsídazhdeezkééz.

    '''Ashiiké, díkwídiilt'eeł lá. 'Ákǫ́ǫ́ dooleeł,''
dazhdííniid shíį lá 'áádę́ę́'. 'Áko shíį 'áádę́ę́'
biniiyé dashdiikai. 'Éi nihí doo deii'niih da
dóó doo nihił béédahózin da lá. 'Éi Bis Doo-
tł'izh Deez'áhígi 'adááh jíkai silį́' lá. Naal-
yéhé bá hooghan dóó t'áá 'áhánígi kin ła'
si'ą́. 'Íídą́ą́' kin hóchxǫ'í dahodii'ní. Diné
naalyéhé bá hooghangi ńdaakahii yii' ńdani-
jah biniiyé kin si'ą́. 'Áájí shíį jíkai lá. Ni-
chǫ́ǫ́'ígo ntsídajikeesgo shíį jíkai lá, 'áko has-
tói t'áá kǫ́ǫ́ kéédahat'íinii 'éi doo há deiniih
da. Tł'ée'go shíį 'ákót'éego bee 'ádaa ndaho-
jisne'.

    Shichei ńt'éé' dishnínígíí dóó náánáła' shi-
dá'ígo, 'Ashkii Yázhí wolyéé ńt'éé', 'éi shíį
tł'ée'go 'áadi jiní'áazhgo 'ákót'éego hanááł
yee 'ahił dahalne'. Bilį́ Łizhinii wolyéé ńt'éé'
Na'niłhodí wolyéé ńt'éé', Kin Łichíi'nii Nééz
wolyéé ńt'éé' Yoo'ee Hataałí Sání wolyéé
ńt'éé', Kin Łichíi'nii nilį́igo, dóó bił naa'aash
ńt'éé', Tó Díchʼii'nii nilį́igo, Yoo'ee Bida' wol-
yéé ńt'éé', ła' dó' hastiin ńt'éé', t'óó béého-
sinígo bééhasin ńt'éé', shá'áyééh ńt'éé', 'li'di

'aałiiłtsooí wolyéé ńt'éé', k'ad t'áá 'ákódígo
'áádéé̜ yíkai yé̜e̜ bénáshniih. Ła' shį́į́ daaháí
ni', hóla. Yiską́ągo Naat'áanii bił yah 'adii-
kah daaníigo shį́į́ ndahaz'ą́. Nihí kódeiniidzin,
kót'éego baa ntsídeiikees díí bee nihaa ní'-
diildee'ígíí daaníigo shį́į́ hoł ndahasne' jiłą'í
baa 'áłah jíłį́į́go. 'Áko 'éí 'áájí binahat'a'ą́ą
bik'ehgo tsidahodeeskééz. Haalá 'áhoodzaa
hastóí háí yee' t'áá haa 'ánóht'é? 'Ałk'idą́ą́
hastóí ńt'éé' t'óó hahane' danilí, ha'at'íí shį́į́
'óolyé łee 'íyátééh wolyé jiní háí yee' béého-
nohsin dajiníigo shį́į́ baa ńda'jooskan. 'Éí shį́į́
dził bine'dé̜é̜ jíkai yé̜e̜ 'ádajiní. Díí k'ad t'óó
jiní jinínígíí 'éí 'át'é. Ha'át'éegoónee'shą' naa-
t'i'ii 'óolyéé ńt'éé'.

"Shí łą́ą," jiní jiní 'Ashkii Yázhí joolyé
dishníné̜e̜.

"'Áko lá ndidoołt'eeł ni," ní jiní Bilį́į́' Łizhi-
nii yé̜e̜.

'Áko shį́į́ shichei yé̜e̜, Naakaii Dine'étsoh
wolyé dishníné̜e̜ bił 'ahizhdii'áázh. 'Éí naho-
zhdoołaał biniiyé. Naalyéhé bá hooghanídóó
shádi'ááh bich'ijígo, dinék'ehjígo Kin Ts'iil
dahodii'ní, ha'át'íí shį́į́ 'ałk'idą́ą́ dahodííłid.
'Anaasází wolyéé ńt'éé' jiní. Łeeshch'ih na-
halingo hadaashjin. 'Áaji' shį́į́ łee'íyátééh
ha'nínígíí baa njizh'áázh. Ha'át'éego shį́į́
'ál'į́į́ ńt'éé' hóla. 'Aaji' shį́į́ kódzaago yiská.

Nihí 'éí shidá'í bighandi nááníhiiská. Díí
jį 'ałchíní 'ólta'góó bił 'oobąs yé̜e̜ bitah nihi'-
dee'nííł. Yiską́ągo 'éí 'atah nihił dah 'adii-
nééh, kót'éego biniiyé hooghandóó 'ahbínígo
t'áá ni' dah náádiikai. Hastóí yé̜e̜ bił dah dii-
kai. Naaltsoos nihá yididoolchiłii, bee 'ééhó-
zin dooleełii 'éí shichei yé̜e̜ Naakaii Dine'é-
tsoh yé̜e̜ni'. 'Éí nihá yiizį' díí ndiniilt'éhígíí.

Kingi niikai ńt'éé' diné t'óó 'ahayói 'áłah
silį́į́ lá. Łį́į́' t'óó 'ahayói naazį́. 'Íídą́ą́ łį́į́'
t'éiyá bee nda'aldeeh. Tł'éédą́ą́' baa nda'as-
dee'ii 'éí ła' doo nihił béédahózin da. Bilį́į́'
Łizhinii wolyéé léí' t'éiyá naghái dził bine'-
dé̜é̜' 'aní'eezh lá. T'óó 'ákót'éhégo nihił béé-
dahoozin.

K'ad kwe'é naanish dahodooleeł. Niha'ał-
chíní naaltsoos bá 'ánáádadoolniił hodoo'niid.
T'áá diné siláago danilínígíí táá' 'ákwii yinii-
yé naakai. Yoo'ó 'Adika'í yé̜e̜ lá, Tséhoo-

tsooídé̜e̜' Hastiin Deez, Hastiin 'Anilí ni' Biye'
dó' wolyéé ńt'éé'. Ła' 'éí 'Adiits'a'ii yé̜e̜ni'
biyé ńt'éé', Táchii'nii ńt'éé', Ts'óhootsogi 'éí
t'áá 'áhodííniidgo naa'ahóóhai, ńda'adleehgo
jáadk'ehgi łį́į́' 'ałghadeesht'áazhgo łį́į́' bik'i
ch'élwodgo biisxį. 'Íídą́ą́' 'éí siláago nilí. Daá-
nee'shą' wolyéé ńt'éé', t'óó bééhasinígo béé-
hasin ńt'éé'. T'óó 'Adiits'a'ii Baadaaní t'éiyá
bi'di'níí ńt'éé'. Jó 'éí 'íídą́ą́' siláago nilí. 'Áko
táá' lá siláago. Kódzaa jó 'akon. Ńt'éé'go
k'ad dooleeł hodoo'niid shą' lá. T'óó diné yah
'ahijeeh naalyéhé bá hooghan góne'. 'Atah
'ákóne' yah 'iikai. Nihí díí ninihi'dee'nil yé̜e̜-
ni' t'áá ła' tádiit'aash. Nahgóó nihees'nilii, 'éí
doo shił bééhózin da.

Jó 'ákohgo chizh niniigį́į́go, chizh bidah
'ahii'nííł, ńt'éé' kóoní 'asdzání naakigo łį́į́'
yoo'ish. Nikinát'áazhgo shį́į́. 'Ałdó' shį́į́ bi-
yáazhgo niiniłtį́įgo. Toohnii wolyéé ńt'éé', 'éí
shį́į́ 'íídą́ą́' niiniłtí. 'Aadé̜é̜' nihik'inighal 'as-
dzání, 'Asdzą́ą́ Tł'ááshchí'í wolyé, k'ad t'ah
naaghá 'éí. Bitsii' łigai. Ńt'éé' 'áni, "'Eii la'
'ałdó' 'ashiiké 'ákó̜ó̜ chizh niiníyínígíí nii'nil
ha'ní, 'ałdó' 'i'íiníłta ha'ní. Yíh, kad la' bee
da'iináají̜ 'adahashzhiizh yé̜e̜ni'," nihiłní.
Ha'át'éegoónee'shą' nihaa tsídeezkéézgo
'áni. 'Áko kodóó t'óó baa yiidloh nihí. T'áá
lá 'aaniinii, ni'ádinii'nil łą́ą. 'Íídíiltah łą́ą. Jó
baa hózhónígi 'át'éego baa hane' t'óó niidzį́į́.
Shíínee' 'ákwíiniizį́į́. Koji t'áá 'ádííghahígo
shí ntséskeesii, shich'ooní nilíinii 'áají̜ bee bił
hashne'. Jó 'akon, bidááh háníí lá, sitsilí,
'akóoní Chíí' binaalyéhé bá hooghan. Haa shį́į́
nízahdé̜é̜' Hwééldi hoolyéédé̜é̜' nináda'iis-
náádą́ą́' hojoobá'ígo łį́į́' bighangóó łį́į́' bi-
chaan yii' na'atsigo habíyííłką jiní. T'óó hail-
kááhdą́ą́' łį́į́' bichaan ch'éhégéedgi tsin hash-
t'eelyaago dah yootį́įł łeh jiní. Sháyahji̜' bi-
tsii' yé̜e̜ni' bighájíchii'go nahaltsaad łeh jiní.
Kodóó 'óosye jiní Chíí'. 'Aadóó shį́į́ Bilagáa-
na ńdahidiiłtį. Jó 'éí yee hideeznaad. 'Áádé̜é̜'
binitsékees deezt'i', be'iina' deezt'i'ii k'ad kó̜ó̜
t'óó bidááh hání. 'Adiits'a'go. Jó shí 'éí nisin-
go baa ntséskees 'íídą́ą́'. 'Éí bik'ehgo 'ádee
hadeesdzíí. Diné shidiiyáii dó' t'áá 'ákót'é.
Jó shí kót'éego nabik'i tséskeesgo 'éí bik'ehgo
t'áá 'aaníí 'íídą́ą́' shił 'adááhóóniid ni'. Yé̜e̜-

ni' k'adshǫ' doo 'ákódoonííł da léi'.

Naalyéhé bá hooghan góne' yah 'ǫ'ooldee'. Ha'déébįįd lá. Kojígo bik'i na'iiniihí naanii dah sitá. T'ah nah wóniidi 'éí tsin dánídíkǫs. 'Áádę́ę́ Hastiin 'Adiits'a'ii yę́ę ch'íníyá. Nák'ee 'Aznilii wolyéé ńt'éé', Lók'aah Nteeldóó, bik'isgo naalyéhé yá sidáago, Jaa' 'Abaní dabijiníí ńt'éé', 'éí naghái 'at'ééjí bikáá' na'iiniihí yine'jí naaghá. 'Ayóo diné yidiits'a'go 'óolyéé ńt'éé' Jaa' 'Abaní. Hodiina'go Naat'áanii Yázhí wolyéé léi' ch'ínáánádzá. Dóó nahgóó diné yílák'e dadeesnii'. Dóó 'Adiits'a'ii Sání yę́ę yíighahdóó niniyá. 'Adiits'a'ii Sání yę́ę bá 'ata' halne'go 'aadóó diné yich'į' 'ayá'niiłti'. Bilį́į́ Łizhinii yę́ę 'éí nahjígo bikáá' na'iiniihí yąąh sizį́. Diné yił naakai yę́ę t'áá yił naazį́. 'Áłchíní ndayiizniłii dabi'dééji' dóó t'áá łą́ą́góó 'ólta' bee nahazne'.

T'áá áko Bilį́į́ Łizhinii yę́ę 'ání, "Díí 'áłchíní hats'ą́ą́ 'ólta'góó 'adahat'éshígíí 'éí hahgo nihí naghái dził bine'jí kééhwiit'íinii nihik'iit'ééh?" dííniid.

"T'áá shį́į́ nihik'iidoot'ih hahgo dá. Díí k'ad 'éí kojigo dziłtát'ah góne' niki'níná yiską́ągo," ní Naat'áanii Yázhí yę́ę.

"Nihí 'éí niha'áłchíní doo ła' naa dadiiltééł da. Bíni' biniinaa háágóó 'áda'ahiil'į́į dooleeł," níigo Bilį́į́ Łizhinii yę́ę yee niiltee'.

Kó'ahidi'níigo łą́ądi saad 'ałná ninánídéél. Na'niłhodí wolyé dishnínę́ę 'éí nah t'áá 'áhání nahalindę́ę́ beeldléí yee 'ákászaazgo sizį́. 'Aadóó bich'ooní daniłíinii kojigo 'ałkéé' nízį́.

"Haalá 'ahoodzaa, shą́ą́ dohnii ni'," dííniid Bilį́į́ Łizhinii yę́ę.

T'áá 'áko Na'niłhodí wolyéhę́ę 'alą́ąji' 'ákóne' dah yiite' dóó Naat'áanii yę́ę yiyaayáahgi yizhjih. 'Aadóó t'áá 'át'é 'áaji' dah diijéé'. Hastiin 'Adiits'a'ii yę́ę 'éí wóniidi tsin dánídíkǫs yę́ę báátis yajiiltáál níwohjigo. 'Aadóó doo 'ééhoozin da.

"Tł'óó'góó, tł'óó'góó," t'óó daha'níits'a'.

Naat'áanii yę́ę tł'óó'góó yił ch'ínijéé'. Kǫ́ǫ́ yił yijahgo t'áá 'atát'ah ch'ínísh'na'. T'áá shį́į́ 'áko wóne'dę́ę́ dáda'deeskaal. 'Ashiiké naaki 'ólta'ji' nii'nil ńt'éé' 'éí 'atah t'áá 'ákóne' bidá'deelkaal lá. Toohnii wolyéé ńt'éé', 'éí k'ad

Kiichil wolyé dishínígíí, náánáła' yił ndilt'éego t'áá 'ákóne'é bidá'deelkaal. 'Éí bininaa hastiin Wéela wolyéé ńt'éé' dishnínígíí Naat'áanii yich'ijí silį́į́'. Biye' naalyéhé bá hooghan góne' 'atah bidá'deelkaalgo biniinaa.

Naat'áanii yę́ę naghái̇́jigo diné hoł noodah. T'áá 'áyídí góyaa bidah 'áajigo. Bighá nílį́į́go 'ałch'ishdę́ę́ Bis Dootł'izh Deez'á. 'Éí bihoolyé. T'áá nízaad bidah.

"Bidah góyaa 'ahołhan. Bidah góyaa. Bidah góyaa," t'óó daha'níits'a'.

Naghái kin biniit'aadóó diné lą́'í naazį́igo 'áádóó 'atah sézį́. Shidá'í yę́ę 'éí t'áá shíighahdóó sizį́. 'Áádóó háí shį́į́ t'áá 'éiyá 'ałdó' 'ákwii naazį́ ni', 'éí doo bénáshniih da. Nahgóó yił yijahgo háahgóóshį́į́ diné 'adadziiłts'in. Naat'áanii yę́ę ńdeiniłts'in. Ńléígóó yił yijahgo Yoo'ó 'Adika'í wolyéhę́ę kodóó ch'élwod.

Nahji̇́ háahgóóshį́į́ diné t'óó naanáájah. T'áá shį́į́ 'ałtso bilį́į́ kǫ́ǫ́ naazį́igo. T'óó 'idahidiikaii łą́ą́ lá. 'Asdzání da ła' da'atah. 'Éí shį́į́ t'áá 'ákǫ́ǫ́ 'atah dabiiská 'ałdó'. 'Éí shį́į́ diné bitsą́ 'áda'jił'į́ biniiyé. Bine'dę́ę́ dó' 'asdzání ła' 'atah níyáá lá. 'Éí háádóó shį́į́ t'áá 'éiyá 'asdzání t'áá 'éí ni'.

Kódzaago t'áá ch'ééh 'ádaaníigo t'áá 'ákwii yaa 'ádahalyą́ nahalinii dooda daaní. 'Éí diné shijéé'gi kwii náánísdzá 'atah. Ńt'éé' 'éí diné bine'dę́ę́ bíkahazt'i' silį́į́'ii, tł'éédą́ą́ hane' bitaast'áanii niheeskai lá. Bee'eldǫǫh 'índa k'aa' da shódaoozt'e' lá. Diné dó' łą́ą́ lá. T'áá kojí t'áá dabináá́ł nahalingo 'íikaii dó' łą́ą́ lá.

Díí diné dahóółchį'ii bá ch'iyáán 'ál'į́įgi, hastiin ńt'éé' Tó Dík'ǫzhí ńt'éé', Tsézhints'óóz wolyéé ńt'éé', 'éí shį́į́ ha'áłchíní t'áá dah joo'ishgo, 'asdzání 'éí shį́į́ bá ch'iyáán 'ádajił'į́igo yiská. 'Ahbínígo shį́į́ bitsą́ 'ánáádajiidlaa. 'Ako ńláhjí siláago yinééł.

"K'ad hágoshį́į́, hágoshį́į́. T'áá ńléí dzígaigi dooleeł. K'ad hágoshį́į́. T'ah doo yah 'iinééhdą́ą́', t'ah doo yah 'iinééhdą́ą́'. Ha'át'íishǫ' bee 'ádoolnííł," níigo Bilį́į́ Łizhinii yę́ę ch'ééh kwii naanáálwoł.

'Ako 'eii be'ashiiké nilíinii háahgóóshį́į́ háahinoojah. Bee'eldǫǫh yę́ę yidadilnih. 'Ako

'éí hastiin Tsézhints'óóz wolyéé ńt'éé' dish-
nínígíí dooda ní. 'Éishą' t'áá hodóokǫǫhee
ntsékeesgo 'ání. Hastiin ńt'éé' 'Ats'ǫǫsí wolyéé
ńt'éé', Tábąąhá nilįįgo 'óolyéé ńt'éé', 'éidí
'ałdó' dooda ní. 'Índa shí kodóó dooda ní.

"T'aháloo. T'aháloo. T'áadoo 'ádadohníní,
shahastóí, 'ałtah 'áásįįłóó," ha'níigo kwii
bich'ąąh na'aldeeh

'Aadóó 'Ats'ǫǫsí wolyéé ńt'éé' dishnínígíí
kingóó 'eel'a'. 'Áko siláago kin góne' 'iiná.
Dzaanééz da'iyeeh. Ńléí 'ánízáádgóó dzaa-
nééz diniłhéél. Siláago díkwíí shį́į́ t'áá 'éiyá
nínó ha'nii ni'. 'Éí doo bénáshniih da. Kin
góne' 'i'íínáago kodóó 'Ats'ǫǫsí yę́ę 'ákǫ́ǫ́
'eel'a'. 'Áádę́ę́ łį́į́' bił nálwod.

"T'aháloo nihi'di'ní, she'ashiiké, t'aháloo
ha'ní," ní.

'Áko Bilį́į́' Łizhinii yę́ę be'ashiiké kodóó
hááhgóóshį́į́ hááhinoojah. Kodóó 'ákǫ́ǫ́ 'anáá-
náál'a'.

"Dooda, t'áadoo 'ádadohníní. K'ad dooleeł
daani."

"K'ad ńlááh baa nááhólne'. Níík'e kin da-
diitsił. Ha'át'iishą bee 'ádoolnííł. Daani náá-
bidi'ní ńlááh."

Náádahozhdi'níigo kodóó 'ákǫ́ǫ́ łį́į́' hoł
'anáánooltą́ą́. 'Áádę́ę́ łį́į́' bił nínááneeltą́ą́.

"T'aháloo danihiłní. Ńléí siláago nínánígíí
binant'a'í nilíinii, hashkééjí naat'ááh nilíinii
'éí 'áníí lá. Díí 'adą́ą́dą́ą́ ch'idahisoołhan yę́ę
'éí doo kót'é nii da," níigo łį́į́' bił nínáánál-
wod.

'Áko kojí 'éí hastói yę́ę 'ákódajini. "T'áá
lá 'aaníí ni. Doo bééhózin da. Ha'át'éego shį́į́
yaa ntsídaakeesgo 'ádaaní. 'Éí bąą t'áadoo
'ádadohníní," daani kojí 'ata' naakai danilíi-
nii.

Wónáásdóó t'áá niidlą 'ákǫ́ǫ́ dah diikai.
Ła' t'áá ni' dayíníilyeed. Ła' 'éí łį́į́' bił dayíl-
dlóósh. 'Aadi niikai, kindi. 'Áko shį́į́ ńlááh
góne' shį́į́ siláago shijéé'. 'Áko díí dzaanééz
da'iłjiidii lą'í, naadiin dóó níwohjį́ daats'í lá.
'Éí t'éiyá 'aghaa' bá hooghan góne' yah 'ee'-
nil lá, t'áá 'ałtso, t'áá dah da'íyeehgo. Bidiní-
náádę́ę́ shį́į́ 'aají shį́į́ 'ałdó' ła'í niitą 'ałdó'.
Kodóó 'áhá'niinii t'áá 'aaníigogo, koshį́į́ 'át'é.

'Aadóó 'ákóó łį́į́' 'anáánáálwod, Bilį́į́' Łizhi-
nii dah 'oo'ish yę́ęgóó.

"K'ad ńlááhdę́ę́ wóshdę́ę́. Hazhóó'ógo,
hazhóó'ógo," nii lá Hashkééjí Naat'ááh
nilíinii.

T'áá shį́į́ 'ákót'éego 'aadi baa nááhojoolne'.
Ńt'éé ńléí nihinaashiijí, wónaaníjí, ńléí Bis
Dootł'izh Deez'áhí hoolyé, 'aadi kót'éego łį́į́'
yikah. Lą'í lá 'ałdó' diné. Naadiin dóó niwoh-
jí'. 'Ákwe'é yiilk'idgo 'áádóó báátis. T'óó yee'
dó' nikéé'i'náásh łí bine'góó t'óó 'azį́į́'. Ńt'éé'
ńléí kojigo báátis 'iínáá dóó 'aadę́ę́ biniit'aa-
dę́ę́ wóshdę́ę́go niki'nínáá. 'Áko shį́į́ kojí hash-
t'ehodeedzaago 'át'éé lá wóne'dę́ę́. Dáádílka ł
hóteel. 'Ałts'ą́ą́hjí náá'áádóó shį́į́ siláa-
gołtsooí nii'nil. 'Áko ńlááhjí diné k'ad ni' da-
diłt'óóh jini. Hááhgóóshį́į́ bits'iil ni' yídadilnih
jini. Bee'eldǫǫh yídadilnih jini. Doo lá dó'
shį́į́ doo 'ádahalyą́ą da ńt'éé' lá. 'Éí dine 'áají
dahóónáałii 'ádajiní.

Bilagáana Jaa'abani joolyéhę́ę 'aadę́ę́
'anishtah jiníí łeh ni'. "Kodóó shí 'ałdó' bee-
'eldǫǫh kódayiileeh," jinii łeh ni'.

'Éí t'óó haa dlo hasingo hojilne' łeh ńt'éé'.
'Éí naalyéhé yá sidáhí jílį́įgo.

'Áko, "Ńlááhdę́ę́ ha'aznáago t'áá 'aaníí
'ádaaníigogo, kodę́ę́ ni'nínáago shí ńlááh
tł'óó'dóó bá ndeeshááł," níí shį́į́ Hashkééjí
Naat'ááh. T'áá 'aaníí 'ádajiníigo ńléídę́ę́ k'ad
bee'eldǫǫh yaniits'ee'ígíí ts'ídá t'áá shich'į'
yił'áádę́ę́ t'áá yił hadoolchid shį́į́, kodóó t'áá-
łáhádi bee'eldǫǫh bik'i yaiidoohnił. Koshį́į́
'át'éego bee hoo'a' wóne'dę́ę́.

'Áko ńlááhdę́ę́ ha'azná. 'Aadę́ę́ 'oonééł.
Kwii bita' łį́į́' 'ałnánálwo. Hazhóó'ógo ha'-
níigo. 'Éí 'Ats'ǫǫsí joolyéé ńt'ee'ii. Wónáás-
dóó hazhí 'ádaasdįįdgo t'óó naanijoołchił.
Nihí 'éí kodóó kiniit'aadóó nináádasiidzí. Nii-
dlą'í daniil'á. Kodóó t'áá 'áhání nahalingi kin
bee nástł'ah. T'áá 'áyídídę́ę́ 'oonéełgo kodóó
bik'i dah 'asdáhí ch'iiní'ą, 'Adiits'a'ii Sání
yę́ęni. Kodóó kiniit'aadóó niiní'ą. 'Áádóó yah
'anáá!wod. 'Áko nihí ńléí łį́į́' yikahjí' t'éiyá
dadiit'į'. Háahgóóshį́į́ kót'éego bee'eldǫǫh
deigo yaniits'ee'. K'aa' da dah dayíjááh.
T'áadoo ła' t'áá gééd yigáłí da. Lą'í 'oonééł.
Ńléí 'ákóchgo naaniigo łį́į́' bił ńt'i'.

83

'Aadéé' t'ah ńt'éé' Bilagáana ch'élwod. 'Éí shíí Hashkééjí Naat'ááh nilíinii. 'Éí Shash Bitoo hoolyéédéé' lá 'Éetsoh łizhin léi' yii' sití. Haidiiltsooz dóó 'éí bik'i dah 'asdáhí niit'ánéé yik'íisti'. Bigąąziz bílátsíigi bił dah naaznilígíí yiyííbíí'. Tá'ádiz'niigiz nahalingo bigąąziz t'ąą' ndeizhyiizh. Ńlááhdéé' t'óó ch'élwodgóó 'éí yadidiilchid t'áá 'ałch'ishjí. Kodi niilwodgo t'ah t'áá 'ákót'é. Ńléidi diné t'éiyá yiniłʼíigo. 'Ákohgo 'aadéé' 'Adiits'a'ii Sání yéé ch'ínáánádzá. "Wóshdéé' nihi'di-ní," ní 'akon. 'Aadóó 'aadéé' łíí' niikai. T'ah wóshch'ishidi," náádoo'niid. 'Áko wóshdéé' łíí' nááʼs náádeeskai. "K'ad t'áá 'akwii nihi-jiní, 'ałtah 'áásįįłóó. Bilíí' Łizhinii k'adí. 'Eii bee'eldǫǫhígíí ni' ninítįįhgo kodi shaa nínááh, niłní díí naat'áanii (shínaaí daats'í t'áá 'éiyá yiłníi ni').

T'áadoo ts'ídá hodíina'í 'aadéé' díkwíí shíí łíí' yik'ináájéé'. 'Áádóó t'áá 'ałkéé' hidikááh. 'Áko ńlááhdéé' siláago binant'a'í yéé t'ah dah doolnihgo sizí. T'áá yigáłí yílák'e doolnii' Kwe'é haadzii'gi doo bénáshniih da. Jó 'éí Bilíí' Łizhinii 'át'í. Kodóó naat'áanii bizaad bee ha'oodzíí'. 'Éí t'éiyá ła' t'ah bénáshniih.

"Lá'ąą, k'adí lą́ą sik'is nijiní," bi'doo'niid Bilíí' Łizhinii yééni'. "K'adí! K'adí!," bi'doo'-niid.

'Áádóó 'aadéé' t'áálá'í nítínígo hidikáahgo naat'áanii yéé yílák'e dahideesnii'. "K'adí lą́ą," áhidoo'niidii' 'ałch'ishdéé' 'ałgąąghah hadeeshchidii' ná'ahineezkaad.

'Éí t'áá 'ákót'éhégo bénáshniih. 'Aajį' "wéena" ná'ásdlį́į' sha'shin, jó 'akon. Bikéé-déé' danilíinii t'áá 'ałtso yílák'e dadeesnii'. Bideeni' yééni' 'éí t'áá ńléidi ni' ndeiznilgo 'ádaat'į. 'Áko t'áá lázháán 'ádaat'į. Jó kojį' kót'éego k'énáhásdlį́į' jó 'akon. 'Aadóó hááh-góóshį́į t'óó 'ahéhee' deits'a'.

"K'adí lą́ą she'ashiiké. K'ad ch'iyáán nihá ch'idoo'nil. Da'doosį́įłgo bikiin nikééhidooh-kah," dabi'doo'niid.

'Éí 'Adiits'a'ii Sání yéé 'ákót'éego 'ata' ho-jilne'go há dasidiits'ą́ą́'. Jó kojį' k'énáhásdlį́į'.

'Áko doo dó' ndi ha'át'éego da baa ntsés-kees da shí 'íídą́ą́'. 'Íídą́ą́ t'ah chąąmą'ii nishłį́igo, 'éishą bee 'át'é. Shił baa honee-nigo, 'éí t'éiyá biniiyé 'áadi 'atah nahashłe'. Ha'át'éegi da honeeni baa na'aldeehígíí nᵊ halingo baa shił honeeni.

84

BILĮĮ' ŁIZHINII YÉÉ

By Howard Gorman — Ganado, Arizona

'Ałk'idą́ą́' hastói ńléí t'áadoo le'égóó nda-halne' łeh ńt'éé. Tsíłkéí da t'áadoo le'égóó yił ndahalne'go t'áá 'éí yee ndeinitin łeh ńt'éé', dahooghangóó naaki, táa' da ńdabiilkááhdę́ę́' ndahashzhiizh. "Kót'éego kéédahwiit'į́į́ ńt'éé'; kót'éego nideiikai ńt'éé'; dóó kót'éego da'iiná," jó daaníigo tsíłkéí ndeinitin łeh ńt'éé'. 'Índa 'asdzáníjí da 'ałdó' ch'ikéí yich'į' yádaałti' łeh ńt'éé'.

'Ákohgo shimá sání ńt'éé' ts'ídá t'áá 'iiyisíí diné hayóii ńlį́į́ dooleeł shiłníigo 'ahbíínídą́ą́' da nááshidiiłt'eehgo dághánídíshwo' łeh ńt'éé'.

Łah na'nishkaadgo hooghangi nánísdzáá ńt'éé', shicheii Hastiin 'Adilohii wolyéé ńt'éé' hooghangi sidáá lágo nánísdzá. T'áá 'eiidí Bis 'Íí'áhí nahós'a'gi tádíghááh ńt'éé'. Hastói 'ayói 'át'éii 'óolyéé ńt'éé' Hastiin 'Adilohii yę́ę.

T'ah ńt'éé' sidáá lágo nánísdzá. T'áá 'áko dibé ła' bá bił niidééł. Dóó dibé ła' bá seesyį́. 'Áádóó 'átsą́ą́' ńléí ts'ídá neesk'ah léi' bá didoot'ą. Shí t'éiyá ńléí 'ach'íí' da 'ádaat'éhígíí shá niheezt'e. 'Ako 'ákwii saad hosélį́į́', dóó t'áá bíyó ńdiichxǫ.

"Ha'át'éegoshą̨" doo nazh'niłkaadgóó ts'ídá 'atsį' 'agháadi 'át'éii há yit'ees dooleeł? Shígo la' 'átsą́ą́' yishghał dooleeł yę́ęni'. Hógo 'ach'íí' jiyą́ą̨ dooleeł yę́ęni'," dishníigo saad hosélį́į́' 'akon.

'Ako naashchxǫ'go biniinaa t'áadoo 'ííyą́ą̨ da. Bí t'éiyá háahgóóshį́į́ 'oolghalii' nahgóó tséde sitį́.

'Ako 'i'íí'ą̨ą̨go hózhǫ́ yíłhéelgo yah 'anáásdzá, dóó 'iideeshhosh nisingo nétį́į́ ńt'éé' shimá sání yę́ę náshizhdiiłt'e.

"Kodóó ńdaah, shiyáázh. Nicheii t'áadoo le'égóó nihił nahodoolnih. Hazhó'ó yísíníłts'ą́ą́'," shizhdíiniid.

"Ńléí Tsé Łichíí' Dah 'Azkání hcolyéedi 'ałk'íídídą́ą́' naat'áanii ch'íheelghan. 'Áádóó diné ła' Bilį́į́' Łizhinii wolyéé ńt'éé', 'éí dó' naazhchxǫ. T'áá 'éí Ná'áł'ahi Ni'dódlohí wolyéé ńt'éé' 'ałdó'," níigo Hastiin hahoolne'. 'Aniidí 'áhóót'įid nahalingo yaa halne'. Kót'éego hayííłt'i:

"Na'ashǫ́'ii To'í hoolyéegi chaha'oh sétį́į́ ńt'éé' diné ła' łį́į́' bił yílwod. "Haa lá 'áhánééh, ńláahdi Tsé Łichíí' Dah 'Azkání hoolyéedi naat'áanii ch'ídayiisxan. Bilį́į́' Łizhinii wolyéii, Ná'áł'ahi Ni'dódlohí wolyéii, naachxǫ,' kót'éego shił ch'íhoot'ą," ní.

"Łį́į́' nahgóó na'ałchozh ńt'éé' néiiłtsoodii' bik'i dah 'asénil. Dóó bee'eldǫǫh 'ahą̨ą̨h daní'áa łehígíí 'ádą̨ą̨h dah sistá. Bee'eldǫǫh yázhí dó' ła' 'ádą̨ą̨h dah sistá. Bee'eldǫǫh bik'a' dó' t'óó 'ahayói héél 'iishłaago shikéé' bíséłtł'ǫ. 'Aadóó ńléí Tsé Sitłé'é góyaa níyá."

"Diné baa dadzólníinii ła' 'ałyói bidiisháah. Hááníyee' ła' shidoohááh. Ńléidi Hastiin Bilį́į́' Łizhinii wolyéii naachxǫ' lá dishníigo diné bitah yisháałgo diné t'áá 'ałtso ni' hodiiz'ą́. T'áá 'áko ndi ts'ídá t'áá yisháłí yisháał. T'ah ńt'éé' Ch'ínílį́į́ dóó Siláago 'Áłts'íísí dabijiníní-gíí, Táchii'nii nilínígíí (k'ad 'éí bi'niitih) t'ah ńt'éé' 'ayói 'át'é tsíłkéítsoh nilį́į́go, baa dzólníigo bił 'ałk'ínísht'áázh," jiní.

"Hastiin Bilį́į́' Łizhinii wolyéii naachxǫ' jiní. Shidiinááh daats'í 'ákǫ́ǫ́? Naat'áanii ch'ídayiisxan jiní. Kót'éego hane' shaa yít'ą̨-go 'éí biniiyé yisháál. Kót'éego bich'į' haasdzíí'," ní 'akon.

"Haashą̨ yit'é. Nidideeshááł lą́ą̨. Yiit'ash lá dooleeł ni'," níigo bee'eldǫǫh 'ádą̨ą̨h dah yistą́ą̨ dóó bił dah dii'áazh, jiní.

"Tséyi' góne' haa'i shį́į́ Ndíshchíí' Haneez'á hoolyé, 'ákwe'é t'éiyá hahazt'i'go 'ákódeg bił hashé'áázh," jiní. "Dóó ńléí Lók'a'jígai góne' dóó ńléí níwohjį dził bighą́ą́' hashiit'áázh," jiní. "K'aabizhii bik'iji' bidah 'adeetiin, 'áaji' hashiit'áázh," jiní. "Łįį' t'eiyá bee ha'atiin 'íídąą'. 'Ákwii 'íídąą' eii 'iłígíí bee 'iná'ázt'i'go tsin dáńdi'niłgo bighá'átiin léi'gi niit'áázh," jiní.

"'Ąą 'ázhdoolííł biniiyé bidajíí'á jiní. Siláago 'Áłts'íísí ho'di'nínígíí. 'Ako díí t'áá 'ałtsodęę' na'oolni jiní. T'áá da'niłch'ishídęę' 'ayahoolni jiní. Tsin dáádininiłígíí 'ąązhdeenííł biniiyé łįį' bik'i bidajííyáá dóó ts'idá tsin ła' dziiłtsoodgo hayaadóó gałbáhí haalwod jiní. Siláago 'Áłts'íísí ho'di'nínęę t'óó báhádzidgo tsídoolyizgo k'asdąą' t'áá 'áaji' naa'íígo'."

"'Aadóó níwohji' ńléí dah náádiit'áazhgo háádóó shįį ts'idá 'alánáhóó'áá léi'dóó hashiit'áazhgo ńléí nihidáahdi háahgóóshįį t'óó 'ayóigo deezlá baa na'aldeeh jiní. Diné 'ádaat'į jiní. Łįį' doo yik'i dah sidáhí da nahalingo łįį' yooshk'iizh dah naaztįigo łįį' bił ch'éédaalwo' jiní. 'Aadóó háí shįį 'íiyisíí 'át'éego deezlá baa na'aldeeh jiní. 'Áko ńléí 'aghá ńdahaz'áágóó ła' łįį' bił dah naazį jiní. 'Éí shįį hada'dées'įį yiniiyé. 'Áko ha'át'éego shįį t'áadoo hadanihizhdees'įí hoł ch'íniit'áázh," jiní.

"'Aadóó ńléí Hastiin Bilįį' Łizhinii bighan léi'gi niit'áázh jiní. T'óó 'ahayói baa 'áłah 'ílįį lá jiní. 'Ákwii niit'áazhgo hooghan nitsaa si'ą́ą́ léi' góne' Bilįį' Łizhinii háahgóóshįį, "'Íshjąą kót'ée dooleeł. Kót'éego 'ak'eh dadidiileeł,' níigo yáłti' yiits'a'," jiní.

"'Aadóó shįį díí niit'ázhígíí bee bił hóone . 'Ha'át'íí yee' doo yáłti' shįį nihaa ní'ázhéii. Wóshdęę' hágo bidohní kóne'é,' ní jiní. T'áá 'áko wóne'é yah 'iit'áázh," jiní.

"Bilįį' Łizhinii yinílyéii, Ná'áł'ahí Ni'dódlohí ni'di'níinii, 'ayóo 'át'éego naa hane'. Hágo, 'aadęę' sitsii ha'yaago 'ashiłneeh,' bidííniid." ('Éíshįį Hastiin 'Adilohii yęę 'ání.)

"Hahá́a, nánésyiz la'," ní jiní Bilįį' Łizhinii yęę.

"'Aadóó diné 'áłah nilįįgo yich'į' yáłti' yęę ts'idá t'áá 'át'é bił hahodííłdlááá jiní. "Akódidííniił lá danidii'ní ni. T'áá lá 'íídąą' néédasiilkáa' ni. Nánildzid ndi lá 'ánít'į ni. Jó 'akon t'áá diné ła' nich'į' haadzíi'go nánésyiz diní,' dabiłní jiní diné 'áłah 'áyiilaa yęę."

"'Aadóó Bilįį' Łizhinii yęę ts'idá t'áá shí nisinígi 'áhodííniid," jiní shicheii yęę.

"'Áko díí na'achxǫ'ígíí ts'idá doo 'ál'įį da. Koji ńléí Tó Naneesdizi hoolyéedi Tádídínii joolyéé ńt'éé t'áadoo biniiyéhégóó nijizhchxǫ'. 'Índa nagháíí T'áá Bíích'įįdii hoolyééjí Ba'álílii wolyéé ńt'éé naazhchxǫ'. 'Índa Dziłk'i Hózhóniijí Hastiin Bizhoshí wolyéé ńt'éé naazhchxǫ'. Díí ts'idá t'áadoo ńdaasdlį'í da. T'áá t'óó 'ák'iji dahojoołchįįd. Jó 'akon, doo nijichxǫ da, she'awéé'. Ts'idá doo 'ál'įį da. Dóó ts'idá t'áadoo bee ńdidiiléłí da," shiłníigo shicheii ńt'éé shił nahasne', dóó t'áá yiláahji' shich'į' yáálti'. Díí k'ad ts'idá nizhónígo bénáshniih.

86

NIHA'ÁŁCHÍNÍ 'ÓLTA'JĮ' NDAHOHNÍÍŁ

By Hastiintsoh Ni' Bida' — Lukachukai, Arizona

Hwéeldi hoolyéédęę' niha'áłchíní 'ólta'jį 'adahidoohnił daho'doo'niidgo dah ńdahizhdii'nánęę t'áá 'ákódoonííł biniiyé Tséhootsooí dóó ńléí Bis Dootł'izh Deez'áhí hoolyéhé góyaa biniiyé ńda'dildah ńt'éé'. 'Áłchíní t'áá 'ałtso shóidoot'eeł ha'níigo t'áá dahooghanígi biniiyé ńda'dildah ńt'éé'. Hastóí ła' Cháala wolyéé ńt'éé' 'éí yiniiyé na'a'eesh, ła' Tsii' Agodii yęę lá, Yoo'ó 'Adika'í yęę lá, 'índa Tsiishch'ilii Ts'ósí yęę, Béésh Łigaii 'Ííł'íní 'Áłts'óózí yęę, 'índa Hastiin 'Adiits'a'í yęę, 'áádóó haa shíį néelą́ą́' hastóí ńt'éé' 'éí dó' bii'nilgo 'áádęę' yiniiyé ńdíkah ńt'éé'. 'Áádóó hastóí haa shíį néelą́ą́' 'ii'nilgo 'aadęę' kóyaa ní'díldah ńt'éé'.

Sáanii yęę dóó hastóí yęę 'éí 'aadęę' ha'áłchíní baa dajíchį̨go hoolzhiizh. 'Ako ndi t'áá tidzí'ahí da naghái Bis Dootł'izh Deez'áhí hoolyé 'ákwii ha'áłchíní ła' ndajiizh'eezh nihoot'ą́ągo. 'Ákwe'é 'áłchíní ndahaasht'eezhgo diné ła' Bilį́į́' Łizhinii wolyéé ńt'éé' 'ákwii dooda níigo yich'ą́ąh ńdiidzá. Ła' dó' Na'niłhodí wolyé, 'éí daats'í t'ah są yik'ee yishjool, dóó ła' Doohahii wolyéé ńt'éé', Tséyi'nii yęę da, Tó Dích'ii'nii Nééz yęę, Béésh Chxǫ'í wolyéé ńt'éé' 'éí da, 'Ats'ǫǫsí yęę da, Wéela yęę da, Hastiin Tsiiba'í yęę da, 'éí t'áá 'ájíłtso dooda dajiníigo bich'ą́ąh nízhdiikai. 'Aadóó haa shíį néelą́ą́' tsiłkéí bíi'nil, 'akon. Díí hastóí yęę 'éí k'ad 'ałtso 'ádajídin sha'shin.

Kwe'é 'áłchíní 'ólta'jį ndahidoo'nił biniiyé 'áłah 'azlį́į́'ęęgi Bilį́į́' Łizhinii wolyéé ńt'éé', 'éí "Dooda, dooda," níigo 'áłah 'íłį́igo yee niiltee'. "Haashą̨ yit'é, niha'áłchíní hágo nihigha dahołtł'iid. Bíni' biniinaa háágóó 'áhoot'ee dooleeł," níigo 'ákwii hááhgóó shíį 'iits'a'. Díkwíłt'é shíį 'ákódaaníigo yee 'ałkéé deezt'i'. 'Éí shíį yee 'ahida'asnii'go.

Naat'áanii Yázhí wolyéé ńt'éé' 'éí níyáá lá. 'Éí 'aní'eezh lá. 'Éí 'akwii saad hazlį́į́go Naat'áanii Yázhí yęę diné ch'ídabiisxan. 'Aadóó hááhgóó shíį 'áhóót'įid. Diné ła' Yoo'ó 'Adika'í wolyéé ńt'éé' Naat'áanii diné yigha néíltį́. Diné 'ayóó baa dzólníinii 'óolyéé ńt'éé' Yoo'ó 'Adika'í. Naat'áanii yęę nahgóó diné bił nooyéełgo 'ákóne' 'eelwodgo Naat'áanii yęę bich'áhayah 'ayiiłt'e'gǫ, diné bich'į' dah ńdadiilwo'go t'óó tséde 'ayiiłtł'iidgo 'ak'áán bá hooghan góne' yił 'aadiilwod. 'Aajį' Naat'áanii 'agha náltį́igo wóne'édęę'go dáádílkał yich'ą́ąh da'aztł'ingo ch'ééh 'ádajííł'įid. Hastiin 'Adiits'a'í yęę da 'atah 'ákóne' yah 'azhníícháá'. T'áadoo tł'óó'góó ndajikaaí díkwíí shíį yiská hodoo'niid. 'Ako shíį wóne'é 'ak'áán yęę bik'i ndajizhchąą lá jiní.

Díí hóóchį'gíí 'éí t'áá niłtéél ńt'éé' ńléí Tsé Bii' Ndzisgai hoolyé bíhoneel'ą́ągo bee 'ahii' naaná'ooldah. Dooshą 'áłchíní nihigha dajii'nííł lá. Háni' hoł 'ałk'iidiijah ha'níigo bee 'ahii' naaná'ooldah.

Ła' 'ádajiníigo siláago doo 'ákwii nínáa da dajiní. Shash hadaalzheehígíí yéékeedgo 'éí 'ákwii nínúdajiní. Doo shíį 'éí nínáa da. T'áá 'áhoodzaagóó 'ádajiní. Tséhootsooídęę' siláago nínú. 'Áádęę' yéékeedgo 'aadęę' deeznúní naghái K'ai' Dees'nilí bikáá'góó ninínú. 'Íídą́ą́' 'ákwii kót'éego hootso. Łá'í ndi doo bikooh da 'íídą́ą́'. Kǫ́ǫ́ nínú. Dah náádii'nání Tsézhin Bii' Tóhígi kin díílidigi naalyéhé bá hooghango kwii nináúná'ná. Naaki dabiiską́ągo 'aadóó dah náádii'ná. 'Éí Bis Dootł'izh Deez'áhí góyaa.

T'áálahádi biniiyé 'íldee'ii yísh. Jó haa shíį néelą́ą́'di biniiyé na'asdee. 'Áłchíní 'ólta'jį ndahohnííł ha'níigo biniiyé na'aldeehgo nináháháah dóó nináháshíį́h ńt'éé'.

Diné 'ałk'iidoojah biniiyé siláago yéékeed Nyéé kwii shádí ńt'éé' hastiin ła' Wéela dabijiníigo 'éí be'esdzáán ńt'éé' k'é néíst'iid. 'Éí kwe'é diné yita' 'ííyáago k'é náhásdlį́į́'. 'Éí diné ła' 'ák'izhdiit'ą. Hastiin Bilagáana dahojiníí ńt'éé', "Shí shik'ehgo k'é náhásdlį́į́'," jiníigo hojilne' t'ah ńt'éé'. "Niyooch'ííd, t'óó 'ádíní. Shí shádí ńt'éé' 'éí k'é néíst'iid. Shił bééhózin, shił bééhózin," hodííniid. Díí k'ad kót'éego Bilį́į́' Łizhinii yéę 'áłchíní yaa nichį́-go yiniinaa naazhchxǫ', 'akon.

K'adshą' díí 'ólta' ha'nínígíí ts'ídá t'áá 'ákónéehee ńt'éé' lá. T'áadoo biniiyéhégóó 'ólta' nihąąh dajiz'iid lá, jó shí 'éí 'ákwíinisin. 'Ólta' wolyéii doo yiilkóoh da lá, jó 'akon. Bidááhániinii 'óolyéé lá. 'Íílta'go dashą' k'ad haa nisht'éé dooleeł ńt'éé' nisin k'ad. Na'nitin haa shį́į́ níłnéezii 'óolyéé lá 'ólta'. Ha'át'íi da bee 'atíhát'į́ nilíinii haa shį́į́ níłnéezii 'óolyéé lá.

Ba'áłchíní dahólóonii ts'ídá t'áá 'ákónéehee 'ólta'jį' ndayiinííł lá. Dabízhánee' t'óó nisin shí, 'akon. Díí 'ólta' wolyéhígíí t'ah nahdę́ę́' 'atah baa nísíst'iid ni'. T'ah ńt'éé' hádą́ą́' lá

t'áá 'éiyá naaltsoos bee nihich'į' haat'ą́. "Nagháí hastiin nahgóó dah sidáhígíí díí 'ólta' 'atah yaa yiníst'iid lá. 'Éí ts'ídá t'áá 'ákónéehee 'át'éii 'óolyé 'ólta' daaniigo nihá yaa nídaast'iid," shi'di'níigo kót'éego sizaad 'atah ch'ét'ą. 'Éí kót'éego sizaad 'atah ch'ét'ąągo k'asdą́ą́ bee 'ádaa 'atídinéshdlį́į́', 'akon. T'áá la' 'ákónéehee 'atah baa nísíst'iid lá nisin. Shina'nitin dashą' haa níłnééz dooleeł ńt'éé' naaltsoosígíí bíhooł'ą́ą'go k'ad t'óó nisingo baa ntséskees łeh 'akon.

Díí 'ólta' biniinaa 'ałk'idą́ą́' nihadahastóí ńt'éé' deení 'ahinidayiihya'. Biniinaa Naat'áanii ch'éheelghan. Biniinaa k'asdą́ą́ 'ayóí 'áhóót'iid. Diné t'áá k'adę́ę́ 'ałk'iijeehgo kwii shádí ńt'éé' k'é néíst'iid. Ts'ídá shíni' hadanéést'e'go 'áhóót'iid. 'Éí bąą shił bééhózin. 'Aadóó haa shį́į́ néelą́ą́'góó shináál 'ádahóót'iid. Łahgóó t'áá da'nishtah. Kót'éego 'ólta' biniinaa k'asdą́ą́ diné 'ałk'iijéé' 'akon. K'adshą' ts'ídá t'áá 'ákónéehee ńt'éé' léi' 'akon. 'Éí bąą nihílááh, 'áłchíní yázhí, da'íínółta'. Yéigo 'ídahooł'aah. Náásgóó hodeeshzhiizhgóó bee dahinohnáa dooleeł.

Made in the USA
Middletown, DE
22 February 2022

61706392R00053